2024年重庆市职业教育教学成果培育项目
《数智赋能高职学生人文素质教育
"双浸三环四驱"的创新与实践》理论成果

数智赋能高职学生人文素质教育研究

兰　刚　何　军　张　永　　著
汪　权　郝结林

重庆大学出版社

图书在版编目 CIP 数据

数智赋能高职学生人文素质教育研究 / 兰刚等著 .

重庆 : 重庆大学出版社, 2024. 12. -- ISBN 978-7

-5689-5068-8

Ⅰ. G718.5

中国国家版本馆 CIP 数据核字第 2024GU9832 号

数智赋能高职学生人文素质教育研究

SHUZHI FUNENG GAOZHI XUESHENG RENWEN SUZHI JIAOYU YANJIU

兰 刚 何 军 张 永 汪 权 郝结林 著

策划编辑:张慧梓

责任编辑:石 可 版式设计:张慧梓

责任校对:刘志刚 责任印制:张 策

*

重庆大学出版社出版发行

出版人:陈晓阳

社址:重庆市沙坪坝区大学城西路 21 号

邮编:401331

电话:(023)88617190 88617185(中小学)

传真:(023)88617186 88617166

网址:http://www.cqup.com.cn

邮箱:fxk@cqup.com.cn(营销中心)

重庆升光电力印务有限公司印刷

*

开本:720mm×1020mm 1/16 印张:15 字数:205 千

2024 年 12 月第 1 版 2024 年 12 月第 1 次印刷

ISBN 978-7-5689-5068-8 定价:68.00 元

序

党的二十届三中全会对进一步全面深化改革、推进中国式现代化问题作出了战略部署，全会在决议中明确强调"教育、科技、人才是中国式现代化的基础性、战略性支撑"，并指出要"着力培养造就卓越工程师、大国工匠、高技能人才，提高各类人才素质"。在全面建设社会主义现代化国家的新征程中，以中国式现代化全面推进中华民族伟大复兴的历史伟业，已经对人才的综合素质提出了更新、更高的要求。作为塑造高素质技术技能人才的摇篮，高等职业教育需要深刻回应时代诉求，有效破解当前高职院校人才培养中客观存在的"重专业轻文化"的现实困境。因此，在认识、理解和把握时代的同时促进人文素质教育水平的提升，成为推动高等职业教育高质量发展、支撑教育强国建设的题中之义。

若我们认真观察时代、审视时代，便能够发现随着社会生产力的快速发展，以数字技术、泛在网络、大数据、云服务、人工智能等新兴技术与各行业相互融合发展为主要特征，以信息化、数字化、智能化为重要特质的"数智时代"已经来临。数智技术与高等职业教育深度融合，在数智赋能背景下实现高等职业教育人文素质培养水平的整体跃升，已然成为必须予以高度重视和有效应对的重大现实课题，《数智赋能高职学生人文素质教育研究》一书正是在这样的背景下应运而生。

《数智赋能高职学生人文素质教育研究》一书所建构的研究体系，较好地实现了理论聚焦、现实观照、实践创新与成效显现四个方面的辩证统一。一是在理论聚焦方面，《数智赋能高职学生人文素质教育研究》对学术界现有研究成果进行了较为全面的梳理，通过对理论研究前沿的持续追踪，完成了对现有研究的成绩与不足的准确定位，明确了理论研究的基本概念、历史沿革以及高职学生群体的矛盾特殊性，从而找到了自身研究的逻辑生长点。二是在现实观照方面，《数智赋能高职学生人文素质教育研究》着眼于人文素质教育发展和人文素质教育数字化转型发展的客观现状，并从思想认识、院校自身、现实挑战三个方面展开分析，从而将研究体系的建构深深扎根于对相关教育现状的审慎把握与客观分析。三是在实践创新方面，《数智赋能高职学生人文素质教育研究》立足于理论聚焦与现实观照，创新性地提出数智赋能高职学生人文素质教育的"双重沉浸"方式、"三环交互"体系以及"四轮驱动"平台的实践策略，较好地兼顾了实践体系构建的针对性、时效性与系统性。四是在成效显现方面，《数智赋能高职学生人文素质教育研究》从成果应用与成果产出两个方面，对具体办学育人的实践成效展开了切合实际的分析，从而对研究所提出的实践体系的科学性进行了有效验证。

《数智赋能高职学生人文素质教育研究》作为探讨如何借助数智技术的力量促进高职学生人文素质全面提升的学术论著，具有四个方面的鲜明特征。一是具有深刻的思想性。《数智赋能高职学生人文素质教育研究》聚焦中国场域，以习近平新时代中国特色社会主义思想为引领，运用其立场、观点、方法分析，解决数智赋能高职学生人文素质教育的现实问题，立场清晰、观点鲜明，是对当代中国高等职业教育人才培养内在矛盾的具体回应，展现出深刻的思想性特征。二是具有鲜明的时代性。《数智赋能高职学生人文素质教育研究》立足时代背景、聚焦时代课题，深入、系统探讨了在数智时代开展高职学生人文素质教育的理论内涵与重要价值，以及数智赋能高职学生人文素质教育的实践策略等问题，研究源于时代、回应时代，充满鲜明的时代气息。三是具有突出的针对性。《数智赋能高职学生人文素质教育研究》扎根于现实，对数智赋能高职学生人文素质教育的现状进行了较为全面的梳理和分析，在确保研究生长点客观、有效的基础上，精准地把握了研究对象（即高职学生群体）的特殊性，进而使得对数智赋能高职学生人文素质教育的分析具有突出的针对性。四是具有完整的系统性。《数智赋能高职学生人文素质教育研究》以理论阐释为起点，以现实观照为根基，在实践体系的建构中兼顾机制、模式、平台的整体打造，并聚焦实践成效，印证实践体系，研究整体上逻辑主线明确，结构布局合理，各部分相互嵌合、递进，展现了研究较为完整的系统性。

总的来看，《数智赋能高职学生人文素质教育研究》一书视角独特，既立足学术前沿，又紧跟时代步伐，是一个较完整、可重复、可借鉴、可推广的高质量人文素质教育探索成果。我相信，随着实践探索的持续深入，经过重庆轻工职业学院和相关单位的共同努力，高职学生人文素质教育的特色、水平、质量一定会再上新台阶，再作新贡献，再获新成果。

（孟东方教授系国家哲学社会科学领军人才、全国文化名家暨"四个一批"理论人才、享受国务院政府特殊津贴专家、重庆市人文素质教育指导委员会主任委员）

孟东方

2024 年 7 月 31 日

目 录

第一章

问题缘起

第一节　研究选题

一、选题依据

教育的本质是什么？

这是众多教育界学者为之争论不休却又最终殊途同归的话题。教育的本质是一个多维度、多层次的范畴，它涉及人类社会、文化风俗、心理学、哲学等多个领域。尽管不同学者和理论流派在对教育本质的理解上存在分歧，但普遍而言，教育的本质可被归纳为人的全面发展、自由与和谐、社会功能、终身学习等方面，概括地说，教育的本质，就是培养什么样的人、如何培养人的问题。这是广大教育工作者必须思考并践行的事情。

教学的本质是什么？

教学的过程，包含教的过程和学的过程。在教的过程中，教师发挥主导作用，通过设计教学情境，以教学样态助力学生获得知识并更新价值观念。通过同化与顺应，学生将其内化成自己的学习品质和人生品质。而在学的过程中，学生是主体，通过其主动性、自觉性、创造性开展学习活动，获得和巩固自己的学习成果。教的反思在于"自反"，学的反思在于"自强"，学的过程决定教的过程，教学相长。概括地说，教学的本质，就是通过教与学的双边活动，实现知识的传授和价值观念的育成。

要体现教育的本质和教学的本质，必须在科学理论的指导下，探寻和借鉴现代教育技术手段，不断赋予教育新的特质，不断开辟道路，不断发展创新，使教育、教学效果实现新跨越、新发展、新提高。本书紧紧围绕教育、教学的本质，立足于数智技术赋能，对如何培育高职学生高质量的人文素质，展开了深入的探索、谋划和构建，具有很高的教育价值、学习价值和借鉴价值。

随着历史的推进，教育体系发生了显著的变化，特别是工业革命和技术革命的兴起，推动了教育内容和形式的深刻变革。早期教育往往基于对古典文献的学习，如中国古代的四书五经、西方的古典哲学。教育主要在家庭、寺庙或私塾中进行，注重道德和精神修养。工业革命催生了对技术工人的需求，教育体系开始向大众化、标准化和专业化方向发展。学校成为教育的主要场所，教育内容涵盖自然科学、社会科学、艺术和实用技能，形成了从小学到大学的分级教育体系。20世纪以来，信息技术的飞速发展对教育产生了深远影响，在线学习、远程教育、虚拟现实、人工智能等技术的应用，使得教育变得更加个性化、灵活、高效，打破了时空限制，促进了全球化视野的拓展和跨文化交流的发展。

根据未来社会和经济发展的需要，教育的主要目标之一是培养具有终身学习能力、创新精神和社会责任感的复合型人才，而人文素质教育在其中扮演着塑造学生的价值观、审美观、伦理观，增强其社会责任感和公民意识的核心角色，也是提升学生整体素质、增强其社会适应性和竞争力的关键环节。

随着中国特色社会主义步入新时代，我国教育信息化正式进入2.0阶段，开启了智能时代的教育新征程。党的二十大报告提出"推进教育数字化，建设全民终身学习的学习型社会、学习型大国"。2023年2月，中共中央、国务院将"大力实施国家教育数字化战略行动"写入《数字中国建设整体布局规划》。高等职业院校是培养高素质技术技能人才的重要阵地，对教育现代化起着重要的支撑作用。在迈向中国式现代化的新征程之际，厘清高等职业教育人文素质教育数字化转型的演变历程、把握高等职业教育人文素质教育数智化转型的挑战、构建人文素质教育数智化转型的新格局，具有十分重要的意义。

二、研究意义

加拿大传播理论学家马歇尔·麦克卢汉在其著作《理解媒介：论人的延伸》中提出了一系列具有前瞻性的观点，尤其是在20世纪60年代，那时电子信息技术正处于萌芽阶段。马歇尔·麦克卢汉认为媒介不仅仅是传递信息的工具，它们还塑造并扩展了人类的感觉、行为和社会结构，从而改变了我们对世界的感知和互动方式。他的名言"媒介即讯息"强调了媒介形式本身对传达内容的重要性。在数字化的今天，马歇尔·麦克卢汉的理论显得尤为贴切。数字化技术，如互联网、人工智能、5G技术、云计算等，已经成为我们日常生活中不可或缺的一部分，不仅改变了信息的获取和交流方式，还深刻影响了教育、工作、娱乐等多个方面。高职院校作为教育机构，自然也受到了数字化浪潮的冲击，传统的人文素质教育模式正在被在线课程、虚拟实验室、远程学习等新型教育手段所补充或替代。

（一）有利于人才培养目标的革新

在当代社会，随着科技的快速发展和全球化程度的加深，高等教育的目标确实已经超越了仅仅传授专业知识和技术技能的范畴。现代高等教育越来越重视培养学生的全面能力，包括批判性思维、创新能力、跨文化交流能力等软技能，这些都是人文素质教育的重要组成部分。人文素质教育有助于学生形成健全的人格，提升其道德情操，增强其社会责任感。学习文学、艺术、哲学等人文课程，可以增强学生的审美能力和情感表达能力。当今世界，各个学科间的交叉融合日益明显。例如，数据科学不仅需要数学和计算机科学的知识，还需要社会科学的研究方法来理解数据背后的社会现象。人文科学与自然科学的结合能够帮助学生更好地理解复杂问题，并提出创新的解决方案。随着技术的进步，许多传统职业正在发生变化或消失，而新兴职业则要求学生具有较强的综合能力。具备良好人文素养的毕业生往往更能适应这些变化，因为他们具备更强的适应性和终身学习的能力。人文教育有助于培养公民意识和社会责任感，这对于构建和谐社会至关重要。在全球化背景下，理解和尊重不同文化背景下的价值观对促进国际合作至关重要。对于高职院校的学生来说，加强人文素质教育不仅能够丰富他们的知识结构，还能够提高他们的就业竞争力。例如，良好的沟通技巧、团队合作能力和批判性思维能力对任何行业都是非常重要的。此外，这些技能也有助于他们在职业生涯中持续成长和发展。

处于身心发展关键时期的高职学生，通过人文素质教育能够更好地理解自我和社会，形成积极向上的人生观和价值观，这有助于培养学生的批判性思维、创新能力和解决问题的能力，使其成为具有社会责任感的公民。通过课堂教学、讲座、讨论等形式，教师可以向学生传递历史、文学、哲学、艺术等方面的知识，拓宽他们的视野，将人文知识内化为他们的内在品格，帮助他们树立正确的人生观与价值观，塑造他们的人文精神，强调个体的责任感和社会伦理，帮助学生理解什么是真正有价值的东西，而不是简单地追求物质利益，从而形成健康的心理状态，增强学生的抗压能力和自我调节能力，鼓励学生独立思考，勇于探索未知领域，培养创新精神，激发学生的创造力，帮助他们在各自的领域内有所突破。若高职学生具备良好的人文素养和人文精神，那么这不仅能为其专业技术学习提供强大的精神支撑，还能为其专业理论学习提供缜密的逻辑思维能力。除此之外，面对社会上的各种不良思潮，具有良好人文素养的高职学生能够运用批判性思维辨别是非，避免被误导，更加坚定地维护正义和公平，为社会的进步贡献力量。

（二）有利于教育教学模式的创新

1. 多元化教学资源的运用

在当今的信息时代，传统的教学模式面临着新的挑战。一方面，学生获取信息的方式更加多样，另一方面，他们对个性化学习的需求也在增加。因此，采用多元化的教学资源不仅可以满足学生的不同需求，还可以激发他们的学习兴趣，提高学习效率。学生可以借助在线学习平台，如慕课（MOOCs）、SPOCs（小规模限制性在线课程）、虚拟实验室、虚拟数据馆以及社交媒体工具实现"自主合作学习"的线上线下融合性教学。学习中心不是教师一个人的孤岛，而是一个融合了线上线下多元教学的开放中心，学生是知识的消费者，也是知识的分享者，更是知识的创造者；教师的角色也发生了转变，教师不再是知识的唯一来源，而是学生学习过程中的指导者、支持者、促进者、合作者。利用云存储技术，实现优质教学资源的共享，根据学生的需求和兴趣，提供个性化的学习内容，通过大数据分析工具，收集学生的学习行为数据，为教学改进提供依据，基于反馈和评价机制，不断更新和完善教学资源，让教师和学生拥有更高的自由度。

2. 人机交互式课堂的学习

人机交互式课堂在高职学生的人文素质教育中扮演着至关重要的角色，

它通过融合现代信息技术与传统教学方法，创造出了更加丰富的互动式学习体验。学生利用视频、音频和互动图表等元素后，抽象的概念会更加直观易懂，这有助于提高学生的理解力和记忆力。通过各种数字平台，教师可以上传电子教材、PPT、参考文献等，学生可以随时随地访问这些资料，进行自主学习。学生可以使用手机参与课堂投票、问答、讨论等，教师能够迅速收集反馈，及时调整教学节奏和重点。学生在观看教学视频或阅读材料时，可以通过弹幕发表观点或提问，增加课堂的趣味性和参与感。课程应用程序内置的测试功能可以让学生随时检验自己的学习成果，教师也能通过数据分析了解学生的学习情况，为后续教学提供依据。总之，人机交互式课堂能够显著提升高职学生的人文素质教育质量，不仅增加了学生的学习兴趣和参与感，还促进了学生批判性思维、团队合作意识和创新意识的发展，为他们未来的职业生涯和社会生活打下坚实的基础。

3. 个性化实训项目的教学

在实训项目中，文化元素与数字化媒体的融合是关键。这意味着在项目设计中要融入丰富的文化内涵，同时利用现代信息技术，如虚拟现实、增强现实、混合现实、多媒体等，创造沉浸式学习体验。例如，学生在学习文化遗产保护时，可以使用虚拟现实技术"亲历"历史现场，增强理解和记忆；在学习新媒体传播时，可以通过制作数字故事、微电影等方式，提升创意表达和数字化技能。在教学过程中，学生可以根据个人兴趣、特长和职业规划选择实训项目，激发学习动力，提高学习效果。整个学习过程围绕具体的项目展开，学生在完成项目的过程中，不仅能学到理论知识，还能锻炼实践技能，解决实际问题。将学习目标分解为一系列可操作的任务，学生通过完成这些任务，逐步推进项目进展，同时掌握所需的知识和技能。以"个性选择、项目导向、任务驱动"为主导方式，建立一个以学生为主体的"开放式学习中心"，去中心化和强制化，学生可以根据个人的兴趣、特点及潜能选择个性化项目，参与学习实训，进行差异化学习。

4. 交互评价的导向型输出

交互评价的导向型输出是现代教育体系中的一种创新的评价方法，它强调了过程性评价的重要性，特别是在数字化时代的背景下，利用互联网和智能技术来提高评价的效率、加深评价的深度。交互评价的导向型输出是包括教师评价、学生互评、同行评价等多方循环评价的动态过程，强调过程性评价，关注学生在整个学习过程中的表现，而不仅仅是最终的考试成绩，并通过定期收集和分析数据，如课堂参与度、作业提交、小组讨论、项目进度等，来评估学生的学习状态。利用数字化的平台生成图表、报告和可视化分析，帮助各方了解学生的学习轨迹和课程效果，通过实时监控学习过程，教师可以及时发现学生遇到的困难并提供帮助，不断调整教学策略、优化课程结构，根据学生的特点和需求制订评价标准，支持个性化学习路径。总之，交互评价的导向型输出结合了过程性评价、数字化技术和智能分析，为教育者和学习者提供了一套全面、动态、高效的评价体系，不仅有助于提升学习效果，还能促进课程的持续优化和教育质量的整体提升。

三、概念界定

（一）数智与数智时代

1. 数字与数智

（1）数字与数字化

数字与数字化的概念深深植根于人类文明的历史长河中，从最原始的计数系统到现代的数字技术，数字和数字化概念的发展不仅反映了人类对自然规律的理解，也推动了社会结构、经济体系和文化交流的演变。

"数字"一词源自拉丁语"digitus"，意为"手指"。古人的计数系统往往基于人体的自然特征，尤其是手指数目。早期的人类通过简单的标记或刻痕来记录数量，如狩猎的成果、季节的变化或人口的数量，这种直观的计数方式逐渐演变为更为抽象的符号系统，即我们今天所熟知的数字系统。随着文明的发展，出现了更复杂的计数系统，这些系统不仅仅是计数系统，还涉及一定的算术运算能力。数学作为一门学科，其形成标志着数字概念的一次飞跃。古希腊的数学家们将几何学和逻辑推理相结合，提出了公理化的方法，奠定了西方数学的基础。阿拉伯数学家在代数学领域作出了重要贡献，引入了零的概念和小数点，这些发展极大地扩展了数字的应用范围，促进了商业、科学和教育等领域的发展。

数字化的本质是实现"人与物、人与信息、人与人"之间的"连接"，它是一个更为现代的概念，它能将任何类型的信息转换为数字形式，尤其是在二进制代码（由0和1组成）中，以便计算机理解和处理。总的来说，数字化就是指将任何类型的信息（如声音或图像）分割成一系列离散的点或帧，每个采样点的值被转换为数字来表示，将连续值映射到有限数量的离散数值上，再被编码成二进制形式，以便计算机系统处理、存储、传输和再现。这个过程不仅限于文本或数值数据，还包括图像、音频、视频等多媒体内容，甚至是更复杂的行为模式和业务流程。数字化革命始于20世纪中叶，随着晶体管的发明、个人电脑的普及和互联网的兴起，人类社会开启了一场深刻的转型。数字化改变了信息的生产、存储、传播和消费方式，使得知识和数据的获取达到了前所未有的快捷和便利程度。同时，它也催生了一系列新兴行业，如电子商务、数字媒体、在线教育、远程教育等。

数字化是信息处理的一场革命性变革，它没有颜色、尺寸或重量，能以光速传播，是信息的DNA。数字化不仅改变了信息的存储和传播方式，也重塑了人类的生活、工作和思维方式。随着技术的不断进步，数字化将继续深化，其对高职教育的影响也将日益显著。高等职业教育数字化转型涵盖多种教育要素，学术界从学校、专业、课程、教师、学生等不同的视角阐述了高等职业教育数字化转型的要素，包含理念与方法、组织机构、平台支持、文化氛围、数字素养培养、评价、科研等内容。在这个转型过程中，平衡技术创新与社会福祉，确保数字化成果惠及所有人，将是未来发展的关键议题。

（2）数智与数智化

"数智"与"数智化"是近年来随着信息技术、大数据、人工智能等领域的快速发展而产生的概念，它们紧密相关，但在具体含义上有所区别。

数智（Intelligent Data），通常指的是具有智能的数据处理能力。在这个概念中，它结合了"数据"（Data）与"智能"（Intelligence）。在大数据时代，数智关注的是如何通过高级数据分析技术，尤其是机器学习、深度学习等人工智能算法，从海量数据中提取价值，进而实现数据的智能化应用。因此，数智包括大数据处理、智能分析、决策支持、个性化服务、自动化等核心要素。

数智化（Digital Intelligence Transformation）是一种更为宏观的概念，指的是将智能技术融入业务流程、产品和服务中，实现企业或组织的全面数字化转型和智能化升级。数智化不仅仅局限于对数据的智能处理，还涵盖了机器人流程自动化（RPA）、工作流管理等技术，以及重复性高的自动化业务流程；构建基于数据的决策模型，提供实时、精准的决策支持，减少人为错误和延迟；利用数据分析和人工智能技术，提供个性化推荐、智能客服等，改善用户体验；通过物联网（IOT）、区块链等技术，实现供应链透明化和高效管理；开发智能产品和服务，如智能家居、智能健康监测设备等。数智化的目标是构建一个高度集成、灵活响应、智能决策的业务环境，使企业能够快速适应市场变化，提高运营效率，增强竞争力。

总的来说，数智侧重于对数据本身的智能处理，而数智化则将这种智能处理应用于更广泛的场景中，推动社会经济的数字化转型。两者都是当前数字时代的关键驱动力，对于推动产业升级、优化资源配置、提升社会效率具有重要作用。

2. 数字时代与数智时代

（1）数字时代

数字时代标志着人类社会在信息技术革命的浪潮中，从传统的物质化信息时代迈入了一个以数据为核心、以互联网和虚拟现实技术为代表的高度信息化社会。这一时代不仅改变了信息的存储、处理和传播方式，更深刻地影响了经济、文化、教育乃至军事等多个领域，成为推动全球社会变革的关键力量。

英国学者雷·海蒙德认为，信息时代经历了两个发展阶段，即物质化信息时代和数字化信息时代。在物质化信息时代，信息的存储和传播确实依赖于实体媒介，包括但不限于书籍、报纸、杂志、胶片、磁带、光盘等。这些媒介以物理形式承载着信息，其制作、分发、保存和检索过程受到物质条件和技术水平的限制。在这一时代，信息的制作往往是一个劳动密集型的过程。例如，出版一本书需要经过编辑、排版、印刷等多个环节，每一步都需要人工介入，这导致了信息生产周期较长、成本较高。信息的分发则受限于物流条件，远距离的信息传递速度慢，且容易受到地理障碍的影响。实体媒介的信息保存需要特定的环境条件，如适宜的温度、湿度，以及防止虫蛀、霉变等措施。长期保存信息的难度较大，尤其是易损的媒介，如某些类型的胶片和磁带，随着时间的推移，信息可能会逐渐降解或丢失。在大量实体信息面前，检索变得相当困难。图书馆和档案馆通常采用分类目录系统，但这种方法效率低下，难以满足快速查找的需求。此外，信息的组织和索引也依赖于人工操作，容易出现错误和遗漏。

随着计算机和网络技术的迅猛发展，人类社会迎来了数字信息时代。在这个时代，所有的信息都被编码为0和1的数字信号，通过比特进行承载和传输。数字信息时代的到来，彻底颠覆了信息的传播模式，实现了信息的高速、海量、开放传播，人们从被动接收信息转变为可以随时随地主动获取和分享信息，这极大地拓展了知识的边界和交流的范围。

数字时代的社会影响表现在：一是促进经济领域的数字化转型。数字经济成为经济增长的新引擎，电子商务、金融科技、大数据分析等新兴业态蓬勃发展，推动了商业模式的创新和产业链的重构。二是助推教育方式的革新。数字化教育打破了时空限制，慕课、在线教育、智能教学系统等让学习变得更加灵活和个性化，促进了教育资源的公平分配。三是推动军事领域的变革。数字化军事技术的发展，如无人机、网络战、人工智能指挥系统，正在重塑现代战争形态，提高了军事行动的精确性和效率。四是促进社会生活的数字化。从智能家居到智慧城市，数字化技术渗透到生活的方方面面，提高了生活的便利性和智能化水平，但也带来了隐私保护、网络安全等新挑战。

（2）数智时代

在20世纪80年代，中国开始大力推广个人电脑（PC）的使用，这被视为信息化进程的第一阶段。在这一时期，国家政策鼓励计算机技术的引进和国产化，同时推动计算机教育和人才培养。计算机的普及不仅改变了办公和生产方式，还促进了软件开发和信息技术服务行业的初步发展。典型的应用包括文字处理、财务管理和数据库管理系统等，这些应用极大地提高了工作效率和管理水平。

到了 20 世纪 90 年代中期，随着互联网技术的成熟和国际互联网的接入，中国进入了信息化的第二阶段。这一阶段的特征是互联网的大规模商用，包括电子邮件、网页浏览、电子商务、在线教育、远程医疗等服务的兴起。互联网不仅改变了信息传播的速度和方式，还催生了全新的商业模式和社会生活方式，加速了全球经济一体化的进程。

进入 21 世纪后，在云计算、大数据、人工智能、物联网和区块链等新一代信息技术的推动下，中国进入了数智化阶段。2015 年 9 月 5 日，国务院发布的《促进大数据发展行动纲要》标志着大数据正式成为国家层面的战略重点，这表明中国认识到大数据作为新型生产要素在推动经济社会发展中的关键作用。这一政策的出台，旨在通过大数据的开发利用，促进国家信息化水平的提升，带动产业升级和创新，提高公共服务效能，以及增强国家竞争力。智能化的新兴数字技术正在催生新一轮的工业革命，众多行业和数智化的新兴行业相互融合成为当下时代的典型特征。

党的二十大报告对中国式现代化进行了深刻论述，提出建设现代化产业体系和加快建设数字中国。2023 年中央经济工作会议为 2024 年中国经济发展指明了方向，要以科技创新推动产业创新，特别是以颠覆性技术和前沿技术催生新产业、新模式、新动能，发展新质生产力。要大力推进新型工业化，发展数字经济，加快推动人工智能发展。数智化代表着数字技术与人工智能技术的协同发展。数智化不仅仅是一种技术上的融合，更是对整个经济体系和产业生态的深度重塑，它在不同领域引发了深刻的变革，如在经济领域形成一种新的经济概念——数智经济，在制造业领域产生了智能制造概念。鉴于此，笔者将以数字技术、泛在网络、大数据、云服务、人工智能等新兴技术与各行业相互融合发展为代表的信息化、数字化、智能化阶段命名为"数智时代"。

（二）人文素质与人文素质教育

1.人文素质的内涵

"人文"是一个深厚且多维度的概念，它不仅涵盖了人类的文化创造和精神追求，还体现了人与社会、人与自然的关系，以及人自身的价值和意义。在中国古代，"人文"一词最早见于《易经·贲卦》："刚柔交错，天文也；文明以止，人文也。观乎天文，以察时变；观乎人文，以化成天下。"这里的"人文"指的是人类创造的文化现象，以及这些文化现象对社会秩序和道德规范的影响。它强调的是通过观察人类自身的行为和文化来实现社会的和谐与进步，与"人文"（自然规律）相对应，体现了一种以人为本的哲学思想。在更广泛的意义上，"人文"包含了人类社会的各种文化现象，包括但不限于诗歌、小说、戏剧等文学作品，绘画、雕塑、音乐、舞蹈等形式的艺术创作，关于存在、知识、价值、理性、心灵和语言的思考等哲学思维，对过去事件的记录和对历史发展轨迹、宗教与信仰、伦理与道德的解释等。在现代社会，"人文"概念被赋予了更加多元和更具包容性的含义，它强调个体的尊严、自由、平等，倡导多元文化的尊重和理解，关注人与自然的和谐共生，以及促进全球公民意识和可持续发展。人文主义在教育、科技、医疗、法律等多个领域都有其重要的地位，它提醒我们在追求科技进步和物质繁荣的同时，不应忽视对人类精神世界和文化传统的关怀。因此，"人文"是一个综合性的概念，它既根植于人类的历史传统，又面向未来，反映了人类对自身及周围世界的深刻认识和持续探索。在快速变化的现代社会中，保持对人文价值的关注和追求，对维护人类的共同福祉和促进文明的持续进步至关重要。

"素质"一词的原始含义源自生理学，专指人体的某些先天性特征，特别是神经系统和其他感觉及运动器官的特性。然而，随着时间的推移，这一概念被引入更广泛的领域中，尤其是在教育学中，它被用来描述一个人在先天条件的基础上，通过教育和社会实践所获得的稳定品质和能力。在教育学语境下，"素质"可以被理解为生理素质、心理素质。在《辞海》的定义中，"素质"被扩展为生理上的特点、事物的性质、完成活动所需的基础条件三个主要方面。在教育学中，素质通常被认为能够通过教育过程和个人努力来塑造和提升。素质教育旨在培养和发展学生的全面能力，包括但不限于知识、技能、价值观、情感和身体素质，从而促进他们的全面发展，使其成为具有高度社会责任感和创新能力的公民。素质的提升不仅在于学习知识和技能，更是涉及个人品格、道德修养、团队合作能力、领导力以及解决问题的能力等多方面的发展。因此，在教育实践中，素质教育强调的是学生个性化的成长路径，鼓励他们发挥潜力，同时培养他们应对未来挑战的能力。

"人文素质"泛指社会成员在先天生理基础上，经过后天教育和社会环境的影响所形成的相对稳定的人文方面的综合品质及行为表现。同时，人文素质是人的整体素质的一个组成部分，是人和社会存在的自我定位和自我意识，它构成了个人社会价值观念的基础。人文素质被视为人的素质中最为核心和重要的一部分，它主要关注人的思想、精神、情感、价值观和道德等方面，是人类区别于其他生物的精神特质的集中体现。人文素质的培养与发展，对于个体的全面发展、人类的可持续发展以及社会的文明进步都具有至关重要的作用。这一概念构成了教育学当中的人文素质教育的核心概念，其基本含义主要包括以下内容：

其一，人文素质是一个多维度的集合体。它融合了知识、能力、观念、情感、意志等多种因素，构成了个体独特的精神风貌和内在气质。人文素质不仅是个人文明程度的标志，也是社会文明进步的重要指标之一。人文素质是一个动态的、发展中的概念，它需要通过教育、自我修养和社会实践不断地得到培养和提升。在信息化和全球化的今天，人文素质的培养显得尤为重要，它不仅关系到个人的成长和幸福，也关系到社会的和谐与进步。通过阅读、旅行、艺术创作、志愿服务等活动，个体可以拓宽视野，深化对人类共同经验的理解，从而丰富和发展自身的人文素质。

其二，人文素质是一种认识人的知识。这种观点准确地把握了人文素质的本质，即人之所以为人的根本属性。这不仅包括人的理性、情感、意志，还有人的创造性、道德感和社会性。对人文素质的培养促使个体思考何为真正有意义的生活，如何在追求个人幸福的同时，为社会的福祉作出贡献。人文素质超越了狭义的专业技能，而指向了一个更加广阔和深刻的领域——人的本质、价值、精神追求以及个体在社会和自然中的位置。在教育中强调对人文素质的培养，意味着教育不仅要传授知识和技能，更要塑造健全的人格，培养有深度、有温度、有责任感的个体。

有的学者根据人文素质的内在分类来把握人文素质的总体内涵，将其分为人文知识、人文思想、人文方法与人文精神，其中，人文精神是人文思想、人文方法产生的世界观、价值观的基础，是最基本、最重要的人文思想、人文方法。人文素质教育强调上述四种素质的综合培养与协同发展，认为它们构成了相互依存、相互促进的关系，共同形成了一个"完整的人"。这种教育理念倡导的不仅仅是知识的传授，更是智慧、情感、意志和精神的全面提升，旨在培养具有深厚文化底蕴、高尚道德情操、扎实专业技能和健康身心状态的复合型人才。通过这样的教育，学生不仅能够获得丰富的知识和技能，更能成长为具有社会责任感、创新意识和国际视野的现代公民。

人文素质，作为个体内在精神品质的体现，是衡量一个人是否具备成熟人格、深刻洞察力和高度社会责任感的重要指标。尽管学界对于人文素质的确切定义尚无定论，但在广泛的研究中，其核心内涵和外延已经得到了较为一致的认可。广义而言，人文素质不仅是个人成长的基石，也是成为社会所需人才的内在要求。特别是在内在精神品质方面，要具备爱国忧民的情怀和做人的气节情操。狭义上的人文素质聚焦于文化素养和个人修为，掌握文学、历史、哲学和艺术等领域的基本知识，以及培养欣赏和创造美的能力，能让这些知识和技能内化，助力个体形成独立思考、审美鉴赏和文化传承的能力。此外，人文素质又是一个由人文认知、人文情怀、人文方法和人文实践等要素或多个层面的内容构成的复杂系统，并非任意要素的简单叠加，而是这些要素之间相互作用、相互影响的结果，是一种综合性的心理品质与品格，这种全面发展的观念，对于培养新时代需要的复合型人才具有重要意义。

2.人文素质教育的内涵

人们对人文素质的构成要素或具体内容仁者见仁、智者见智。人文素质教育不是单纯的专门知识的传授或灌输，而是基于独立思考、判断、价值认可、尊严意识的，对公民参与、公共事务讨论、说理和对话能力的全面培养和提升。有人指出，人文素质教育内容包括人文知识的储备、人文方法的运用和人文精神的内化，也有人提出其涵盖基础知识、价值观念和行为三个领域的目标，还有人认为其囊括精神形态和知识形态两方面的内容。实际上，人们所说的人文素质教育内容，实则是对人文素质教育的不同层次要求。不难看出，上述观点都包含了三层含义，即人文素养、人文精神、人文行为。其中，人文素养是人文素质的基石，人文精神是人文素质的灵魂，人文行为是人文素质的外化，它们共同构成人文素质的动态存在过程，形成一个完整的人文素质系统。

（1）人文素养

人文素养这个概念主要指的是个人在人文科学领域的知识、理解和修养。人文科学包括历史学、哲学、文学、艺术、语言学、文化研究等多个学科，它们共同构成了对人类思想、文化、社会和历史的深入了解。人文素养并非仅仅体现在对这些学科知识的掌握上，更重要的是通过学习和思考，培养出对人类经验的深刻洞察力，对多元文化的尊重与理解，以及批判性思维能力和创造性思维能力。它强调的是人的全面发展，帮助个体形成独立的人格，提升审美情趣，增强社会责任感和道德判断力。在数字时代背景下，高职院校的人文素质教育内涵发生了深刻的变化，它不再局限于传统知识的传授，而是更加注重培养学生的数字化素养与信息伦理、跨学科融合与创新思维、批判性思维与媒体素养、终身学习与自我驱动、跨文化交流与全球视野、情感智能与心理健康、人文关怀与社会责任等综合素养。数字时代的人文素质教育目标是培养全面发展的个体，其不仅要具备专业知识和技能，同时还要拥有强大的人文素养、社会适应能力和全球竞争力，能够在未来社会发展中发挥积极作用。高职院校在这一过程中扮演着至关重要的角色，通过创新的教学方法和丰富的学习资源，帮助学生适应不断变化的世界。

（2）人文精神

人文精神是一个深厚且复杂的概念，它根源于人类历史的长河，涵盖了广泛的思想、价值和行为模式。人文精神的萌芽可以追溯到古希腊时期，那时候的智者派开始将关注点从自然哲学转向人类自身，强调人的理性、自由和尊严。苏格拉底、柏拉图、亚里士多德等哲学家的著作，为人文精神奠定了基础。随后，罗马时期的西塞罗、塞内加等人进一步发展了这一思想，强调教育、道德和公民责任。人文精神的核心在于肯定人的价值和尊严，认为每个人都有追求幸福、自由和平等的权利，鼓励人们运用理性，通过批判性思考来质疑权威，探索真理，追求知识。人文精神倡导关注人类的情感、文化、艺术和社会生活，强调情感交流和文化传承。简言之，人文精神是一种自觉、自由和超越的精神，它以人为本，强调"人之所以为人"的价值和需要，注重"人之所以为人"的发展与完善。它集中地体现为对人类自身命运的深刻理解与现实把握，是人所独有的理性认识和价值观念，也是构建人的主体性的实践规范。

（3）人文行为

人文行为是指那些基于人类情感、价值观、文化传统以及对美好生活的追求的行为。它们体现了人类社会、文化、艺术、科学、道德等多个层面的活动和成就，是人类文明进步的重要标志。人文行为的范围广泛，可以从个体延伸至群体乃至全球社会。

一是社会层面的人文行为。人文行为在社会层面的表现之一是积极参与公共事务，如参与投票选举、社区服务、志愿服务等，这些都是个人对社会负责的体现。此外，倡导公平正义、反对歧视和不平等也是人文行为的重要组成部分。二是文学与艺术领域的人文行为。创作人文作品、绘画、音乐、雕塑等艺术作品，或是欣赏这些作品，都是人文行为的具体体现。艺术家们通过自己的作品表达情感、思想和对世界的观察，而观众则通过欣赏这些作品享受美感、获得灵感，甚至引发深层次思考。三是科学与哲学领域的人文行为。科学研究和哲学思考是人类追求真理和智慧的重要方式。科学家通过观察和实验发现自然规律，哲学家则通过逻辑推理探讨存在的本质。同时，教育和科普工作对知识的传播至关重要，它们帮助人们获得信息，培养批判性思维能力。四是全球视野下的人文行为。一方面，促进国际合作与援助。在全球化背景下，人文行为还包括跨国合作与援助，如国际救援、文化交流、环境保护等，它们旨在解决全球性问题，促进人类的福祉。另一方面，培养全球公民意识。要充分认识到自己作为地球村一员的责任，关注人权、和平与发展等议题，采取行动支持可持续发展目标，也是人文行为在当代社会的重要体现。

综上所述，人文行为涵盖了从个体到全球各个层面的广泛活动，它们共同构成了人类丰富多彩的画卷。通过人文行为，我们不仅能够提升个人的综合素质，还能促进社会的和谐发展，为建设更加美好的世界贡献力量。

四、研究现状

（一）研究概述

数字时代高职学生人文素质教育的发展研究大致可从以下几个方面进行。

关于高职学生人文素质教育数字化发展必要性的研究。有的学者从宏观角度出发，认为在数字化的时代背景下，加强高职学生的人文素质教育对构建社会主义和谐社会、建设创新型国家以及参与国际竞争和国际交往至关重要。这不仅有助于提升学生的综合素质，还能为社会输送具有良好道德品质和技术技能的专业人才，进而促进社会的全面发展和增强国际竞争力。也有学者从微观层面进行分析，认为人文素质教育是一种关键的教育方法，它能满足高职学生的精神需求，丰富高职学生的精神世界。这种教育方式有助于构建高职学生的内心世界，并促进其人格的全面发展。

关于数字化时代高职学生人文素质教育存在的危机的研究。有的学者从以下四个角度探讨了数字化时代如何对传统高职学生的人文素质教育产生影响：西方思想潮流的渗透、价值观评判标准的碰撞、网络信息的海量涌现以及虚拟与现实空间的交织混淆。这些因素共同作用于人文素质教育的重要性、评估方式、教学环境及教育对象等方面，带来了诸多挑战。还有学者指出，在数字化时代，高职学生人文素质教育的课程安排越来越倾向于实用性，教师和学生普遍持有较为明显的功利主义思想观念。同时，人文社会科学课程的设置缺乏系统性和规范性。

关于数字化时代加强高职学生人文素质教育的研究。有的学者探讨了数字化时代高职学生人文素质教育的四个原则，即普适性与针对性相结合原则、规定性与张力性相结合原则、表层性与深层性相结合原则、人文素质教育的生活化原则，旨在帮助高职学生在数字化时代更好地掌握和发展人文素养。有学者认为，在数字化教育的背景下，可以通过树立正确的人文教育价值取向、营造良好的人文教育环境、遵循人文教育的原则等措施提高高职学生的人文素养水平，帮助他们在数字化时代更好地发展个人能力和社会适应能力。也有学者建议通过更新教学理念、内容、手段和方法，创造开放、动态的教学模式，以适应数字化时代，提升高职学生的人文素质教育水平。也有学者以具体的学校为案例进行研究，如李训贵和宋婕通过研究广州城市研究学院，探讨数字时代国学教育在人文教育中的应用，该校实施了创新课程、建设教育平台、营造国学氛围和成立国学社团等手段来促进人文教育。

（二）研究述评

通过对数字化时代高职学生人文素质教育相关理论的梳理和综述，可以看出国内外学者长期以来在这一领域进行了大量的探索工作。这些探索不仅有助于明确高职学生人文素质教育的相关概念，而且在人文素质教育的加强与改革方面取得了许多有价值的成果，这些成果为数智赋能高职学生人文素质教育的创新与实践研究提供了许多宝贵的理论借鉴。尽管已有丰富的理论资料，但仍有值得进一步深入探讨的空间。

强化理论与实践融合。进一步探索理论如何更好地指导实践，以及实践如何反哺理论，特别是在数智技术的应用场景下，如何实现理论与实践的紧密结合。

跨学科视角下的研究。从心理学、社会学、经济学等多学科角度出发，探究人文素质教育对学生个体发展和社会进步的深远影响。

数智技术在人文素质教育中的深度应用。研究如何更有效地利用数智技术，如虚拟现实、人工智能辅助教学等，来提升人文素质教育的质量和效率。

五、研究思路

本书聚焦于数字化转型背景下高等职业（高职）教育中的人文素质教育，从理论与实践两个层面进行深入探讨。首先，通过定义数智化、人文素质及人文素质教育等核心概念，分析高职学生人文素质教育的独特属性及内容，并阐述通过数智技术增强这种教育形式的重要性。其次，全面审视了数字时代高职学生人文素质教育的实际状况，识别其中的主要挑战并探究背后的影响因素。最后，遵循高职学生人文素质教育的基本原则，结合其特有的教育属性，提出了一系列利用数智技术来优化人文素质教育的具体策略，旨在为高职院校提升学生人文素质教育质量提供有力的理论依据和实用指南。

六、研究方法

问卷调查。问卷调查是指通过设计详细周密的问卷，进行抽样调查，然后分析数据，为相关理论的研究提供支持。笔者利用自身的教师身份向重庆工程职业学院、重庆城市管理职业学院、重庆商务职业学院等高职院校发放调查问卷，针对高等职业院校学生的人文素质现状展开调研。调查内容涉及学生对人文素质重要性的认知程度、对文史知识的掌握、基本文艺知识储备以及对树立正确"三观"的看法等。

个案访谈。个案访谈是指选择某一具体调查对象，就某种社会现象或问题进行深入调查研究，以解释现象、探明原因、解决问题。通过与以上高职院校管理者、专业课教师以及学生的访谈，了解高职院校办学理念、人文素质教育实施的规划和思路、高职院校人文课程的开设情况、教师人文素质教育的自觉意识、学生对人文素质教育的态度，以及师生对高职院校人文素质教育开展的建议与需求等。

文献分析。文献分析是指通过查阅大量相关著作和论文进行研究，以探明研究对象的性质和状况，整理研究者在人文素质教育概念、内容、方式等方面的不同角度的研究成果，形成自己的分析框架与研究思路。它能帮助研究者形成关于研究对象的一般印象，有利于对高职院校人文素质教育的发展历史进行动态把握，搜集高职院校开展人文素质教育取得的经验与成果。

比较研究。比较研究可被理解为根据一定的标准，对两个或两个以上有联系的事物进行考察，寻找其异同，探求普遍规律与特殊规律的方法。对我国部分高职院校在人文素质教育方面取得的成功经验进行对比分析，有助于探寻出适合高职院校学生的人文素质教育的途径与体系。

第二节　高职学生人文素质教育发展历程及教学特征

一、高职学生人文素质教育发展历程

本书从高职素质教育发展历程来审视人文素质教育的发展。根据对高职素质教育思想认识的不断深化、实践参与面的不断拓展以及教育内容的不断发展等方面的情况，我国高职学生人文素质教育的发展大致可分为以下几个阶段。

（一）酝酿尝试阶段

1984年，《教育研究》杂志发表了一篇长文，引发了全社会对于在新技术革命背景下，学生应当具备哪些能力和素质，以及如何有效培养这些能力与素质的广泛讨论。这篇文章不仅标志着教育界开始重新思考教育目标和方法，还预示着关于教育模式转变的新潮流即将来临。

随着这场素质教育运动的兴起，其核心理念逐渐被高等教育机构所接受，并且以迅猛之势扩展到了高等教育的各个层面。素质教育的概念不再局限于基础教育领域，而是逐步渗透进了大学教育之中，影响了从课程设计到教学实践的方方面面。

这一时期素质教育发展的特点在于，高等教育领域开始有意识地强调全面培养学生的能力，而不仅局限于传授专业知识。具体来说，理工科专业的教育者们开始意识到，仅仅掌握技术知识已经不足以满足社会需求，因此他们提高了人文社科类课程的比例，旨在提升学生的文化素养、沟通能力和批判性思维等综合素质；与此同时，人文社科专业的教育也引入了更多科学思维和方法论的相关训练，以增强学生的逻辑分析能力和实际操作技能。

这种交叉融合的教学改革，目的在于打破传统学科之间的壁垒，促进学生全面发展，使他们能够更好地适应社会的变化和技术的进步。通过这样的方式，高等教育机构力图培养出既具有深厚专业知识背景，又具备广阔视野和综合能力的人才，以应对日益复杂的社会经济环境。

（二）试点探索阶段

1995年启动的高校文化素质教育试点项目，标志着中国开始从传统的应试教育向更全面的素质教育转变。这一转变旨在克服过去过于专注专业知识和技术技能培养而忽视学生全面发展的问题。该项目选择了52所高校进行试验，探索如何在高等教育中更好地融入人文素质教育。这个阶段的教学改革强调了对学生综合素质的培养，特别是人文精神和科学精神的结合，目的在于让学生不仅能够掌握专业知识，还能具备良好的道德情操、审美情趣和社会责任感。这种做法有助于培养学生的批判性思维能力、创新能力以及适应社会发展的综合能力。1999年，中共中央、国务院发布了《关于深化教育改革全面推进素质教育的决定》，进一步巩固了这一改革方向，并将其扩展到了基础教育领域。这意味着素质教育的理念不再局限于少数几所大学，而是成了整个教育体系的目标。这不仅要求学校提供更加丰富多样的课程，还意味着教育方式需要从教师主导转向以学生为中心，鼓励学生主动学习和自我发展。随着这一理念在全国范围内得到推广，人文素质教育作为素质教育的一部分，得到了更多的重视和发展。

2002年，国务院发布的《关于大力推进职业教育改革与发展的决定》的文件确认了高职教育作为高等教育的一种类型的地位，强调了职业教育应"认真贯彻党的教育方针，全面实施素质教育"。这一文件从国家层面审视了高职院校在人才培养过程中存在的技术导向和就业导向过重、忽视学生综合素质提升的问题，并对此进行了重新定位，为高等职业院校学生的人文素质教育提供了坚实的政策基础。2004年，"职业院校要全面实施素质教育，加强学生思想道德建设"被写入教育部等七个部门联合发布的《关于进一步加强职业教育工作的若干意见》中；2006年，教育部印发《关于全面提高高等职业教育教学质量的若干意见》，进一步提出了"加强素质教育，强化职业道德，明确培养目标"的要求，文件指出，高职院校要坚持以人为本、德育为先的原则，围绕立德树人根本任务，办好人民满意的教育。

2007年，全国首届高职高专院校文化素质教育研讨会发布了《关于向全国高职高专院校发出进一步推进文化素质教育的倡议书》。该倡议书提出了人的全面发展的内涵，强调职业教育与人文教育结合的重要性，在文化素质教育方面倡导各高职高专院校之间加强交流与合作。同时，为了统筹规划好、指导好高职院校文化素质教育，该倡议书建议成立一个专门的组织以推动全国范围内高职院校文化素质教育的发展。

2008年末，中国教育部下属的高职高专文化教育类专业教学指导委员会（以下简称"教指委"）进行了组织结构上的调整和重组工作。这次重组并非官方正式的职责调整，但事实上赋予了教指委一项新的使命——在非正式的基础上指导并协调全国范围内的高等职业院校开展学生人文素质教育的相关活动。总之，教指委的重组反映了国家对高职院校人文素质教育的重视程度，对于推动高等职业院校的人文素质教育起到了积极作用，有助于提高学生的综合素质和社会适应能力。

（三）全面实施阶段

2010年，《国家中长期教育改革和发展规划纲要（2010—2020年）》正式发布，提出"职业教育要面向人人、面向社会，着力培养学生的职业道德、职业技能和就业创业能力"，要坚持以人为本、推进素质教育，面向全体学生、促进学生全面发展，着力增强学生服务国家的社会责任感、勇于探索的创新精神和善于解决问题的实践能力。2011年，教育部印发《关于推进高等职业教育改革创新引领职业教育科学发展的若干意见》，提出"高等职业学校要把社会主义核心价值体系、现代企业优秀文化理念融入人才培养全过程，强化学生职业道德和职业精神培养，加强实践育人，提高思想政治教育工作的针对性和实效性。重视学生全面发展，推进素质教育，增强学生自信心，满足学生成长需要，促进学生人人成才"。对以上内容的阐述，进一步确立了高职人文素质教育的地位，明晰了高职人文素质教育的基本内容和关键作用。

2012年成立的教育部职业院校文化素质教育指导委员会，每年都会举办一次文化育人高端论坛，以推动高职文化素质教育的发展。由此，高职院校也开始以高度的自觉意识积极推动人文素质教育的开展，高职人文素质教育进入了一个普及推广的新阶段。2017年，习近平总书记在党的十九大报告中强调要全面贯彻党的教育方针，落实立德树人根本任务，发展素质教育，点明在新的形势下，人文素质教育应实现新的发展。在2018年全国教育大会上，习近平总书记强调"培养德智体美劳全面发展的社会主义建设者和接班人"，进一步指明了人文素质教育的人才培养目标。2022年，党的二十大报告提出了"发展素质教育"与"推进教育数字化"的重要命题，其是引领人文素质教育变革创新的趋势所在，有助于促进高职人文素质教育与数智化高度耦合，实现高职院校大学生人文素养与人文精神的育成。

二、高职学生人文素质教育教学特征

我国高职院校人文素质教育教学是在教育行政管理部门的强力推动和统一指导下开展的，具体体现在课程的设置、教学内容的安排、教育教学方式的选择、师资队伍的建设等方面。

（一）人文课程设置坚持必修与选修相结合

现阶段，我国高职院校在人文素质教育的课程设置上采取了一种具有灵活性、适应性的"主干+补充"模块组合模式，旨在平衡必修课程的系统性和选修课程的多样性，以满足不同学生的学习需求和发展方向。

必修课程为"主干"，构成了高职学生人文素质教育的基础框架。在高职院校人才培养方案中，必修课程成为人文素质教育的"主干"，主要包括思想道德与法治、毛泽东思想和中国特色社会主义理论体系概论、习近平新时代中国特色社会主义思想概论和形势与政策等四门核心思政课程，这些必修课程搭建起了高职学生人文素质教育的基础架构，确保学生在思想道德、政治素养和家国情怀教育方面得到系统培养。

选修课程为"补充"，提供了更为广泛的学科领域和兴趣方向。作为"补充"，选修课一般会设置一些文理交叉的知识性限选课，如中国共产党史、中华人民共和国史等，旨在拓展学生的知识面，促进文理融合。另外，还设置一些常识性任选课程，涵盖教育、心理、社会、文化、美学、艺术等多个领域，满足学生多元化的兴趣和个性化的发展需求。这些选修课程的数量庞大，但在学分比重上相对较小，这反映出高职教育在保证专业技能培养的同时，也重视学生人文素养的拓展。

总之，这种可以任意添加课程门数的模块化课程设置模式，是我国高职院校人文素质教育的一个显著特点，这种课程构建模式体现了教育者在平衡教育与个性化发展、系统性与灵活性方面的努力。然而，随着课程类型的增多，如何优化课程结构以确保课程内容的质量和有效性，从而避免重复和低效，成为未来高职教育课程建设创新与改革需要重点关注的问题。同时，如何在"主干"与"补充"之间找到最佳结合点，既能保证学生掌握核心素养，又能充分激发学生的潜能，是值得进一步深入探讨的问题。

（二）教学内容设计坚持共性和个性相结合

教育部高等教育司发布的《关于加强大学生文化素质教育的若干意见》为我国高校文化素质教育，特别是人文素质教育确立了明确的方向和目标。该文件强调了大学生基本素质，包括思想道德素质、文化素质、专业素质和身心素质，特别指出文化素质是基础。我们所进行的加强文化素质教育的工作，重点在于人文素质教育，主要是通过加强文学、历史、哲学、艺术等人文学科的教育，全面提升高职院校大学生的文化品位、审美情趣、人文素养和科学素质。多年来，我国高职院校积极响应这一号召，根据自身特色和学生需求，持续修订人才培养方案。为了充实人文素质教育内容，各高职院校广泛增设文学、历史、哲学、艺术等人文社科方面的课程，涵盖从中国古代文学到西方哲学史，从中国历史到世界艺术鉴赏等多个领域，确保了学生在学习专业的同时，也能接受到丰富的人文社科教育。经过多年的探索与实践，我国高职院校逐渐形成了相对统一的人文素质教育课程体系，这一体系在全国范围内具有较高的同质化水平，保证了人文素质教育在全国范围内的一致性和连贯性。

我国高职院校在人文素质教育的内容安排上，呈现出以思想政治教育为核心的特点，强调世界观、人生观教育，家国情怀、时政分析教育，以及爱国主义、集体主义和社会主义核心价值观教育的主导地位。这种教育模式旨在培养学生的国家认同感、民族认同感、社会责任感和正确的价值取向，是基于我国国情和社会制度的教育举措。然而，随着教育理念的不断演进和社会需求的日益多元化，人文素质教育的内涵和外延也面临着新的挑战和机遇。尽管有关部门和有识之士一直呼吁拓宽人文素质教育的范畴，强调其不应局限于思想政治教育，各高职院校也在尝试通过补充心理疏导、法律知识讲解、文学艺术欣赏和社会实践等内容来丰富教学体系，但是这些补充性课程往往被视为从属性内容，缺乏系统性和持续性，未形成稳定的教学体系。同时，这些补充性内容在不同高职院校之间也存在较大的差异，甚至在同一所高职院校内部，这些课程的受益群体也较为有限，往往只面向感兴趣的学生或是被标记为"问题学生"的群体，未能惠及更广泛的学生群体。

以思想政治素质教育为主的教育内容，有助于强化高职学生的国家认同感和社会责任感，但除此之外也应加强人文关怀、审美情趣、创新能力等多元文化素养的培育。此外，在我国的教育体系中，从小学到大学的单向灌输式的教育，容易导致学生对教学内容的淡漠和逆反心理，这种现象反映出教育方式与学生需求之间的脱节。学生渴望的是激发兴趣、鼓励探索和创新的学习体验，而非机械记忆和被动接受。因此，我国高职院校人文素质教育的改革需要从拓宽教育内容、创新教学方法、关注学生心理健康等多方面入手，以培养全面发展、具有批判性思维和创新能力的高素质技术技能人才。

（三）教学方式选择坚持线上与线下相结合

当前，我国高职院校人文素质教育的特点主要表现为对显性知识的单向传授或灌输，这种特点不仅体现在课堂教学中，也贯穿于各类课程的课外活动和教学辅助手段之中。尽管高职院校尝试通过多样化的形式，如暑期社会实践、特色人文讲座、智能化教学、案例研讨和情景模拟等方式增加人文素质教育的吸引力，但本质上，这些活动更多被作为课堂讲授的延伸，未能有效转化为师生双向互动的学习模式。究其原因，主要是长期以来，应试教育的导向使得教育更加侧重于对知识的积累而非对能力的培养，导致人文素质教育流于形式，忽视了学生综合素质的提升。另一方面，各高职院校在资金、师资、设施等方面的资源相对有限，难以支撑高质量的人文素质教育，特别是在实践教学和个性化教育方面。同时，当前的教育评价体系仍然以考试成绩为主，对于人文素质教育评估缺乏有效的量化标准，导致学校和教师在教学中更加重视对应试技能的培养。

我国高职院校人文素质教育面临的挑战，以及如何通过教学方式和方法的创新来实现真正的教育转型，是当前高职教育领域亟待解决的重要议题。针对我国高职院校人文素质教育中存在的知识传授的单向性、缺乏深度互动、实践环节不足、个性化教育缺失等问题，学者们提出了改进意见，即采取线上与线下教学相结合的方式，构建一个以学生为中心、注重全面发展、强调实践与创新的教育生态。就线上教学部分而言：开发高质量的在线课程，包括视频讲座、互动教材和在线测试等；搭建学习管理平台，整合多媒体资源、在线论坛和即时通讯工具，便于学生随时访问学习材料；利用人工智能技术提供个性化的学习推荐和反馈，帮助学生根据自身水平调整学习计划；通过视频会议软件进行远程指导和答疑，增强师生间的沟通。就线下教学部分而言：采用小组讨论、角色扮演和案例分析等互动教学法，激发学生主动学习；组织实地考察、实验室实践和模拟操作等活动，让学生将理论知识应用到实践中；与企业合作，为学生提供实习实训机会，让学生了解行业实际情况；举办文艺演出、读书会和文化讲座等活动，涵养精神生活，培养人文情怀。

（四）师资队伍建设坚持专职与兼职相结合

我国高职院校在加强大学生人文素质教育方面的努力，体现了教育体系对培养全面发展人才的重视。为了满足人文素质教育的内容和课程教学的要求，高职院校构建了一支规模可观、结构多元且以课堂教授为主要职责的教师队伍。这支队伍的特点展现了我国高职院校在人文素质教育师资建设上的现状。

1. 专任教师队伍

专任教师队伍是人文素质教育的主力军，以马克思主义理论课和思想政治课教师为核心。这部分教师不仅承担着对学生进行意识形态和思想政治教育的重要任务，还依据个人专长，开设人文素质教育的选修课，涵盖历史、哲学、文学等领域，旨在拓宽学生的知识面，提升其人文素养。然而，值得注意的是，专注于音乐、艺术、体育以及特殊才能的专任教师数量相对较少，这在一定程度上限制了高职学生人文素质教育的多样性和深度。

2. 兼职教师队伍

兼职教师队伍在高职院校人文素质教育中扮演着重要角色，其构成多样，主要包括以下几类。

一类是辅导员、班主任或学生工作干部。这部分队伍由二级院（系）层面的辅导员、班主任以及负责学生工作的党支部或党总支负责人构成，是兼职从事人文素质教育人数最多的群体。他们除了承担日常的学生管理与服务工作外，还会承担时事政策与思想政治教育类课程的教学任务。由于辅导员和班主任等岗位多为年轻专业教师兼任，这支队伍流动性大，人文知识和素质水平参差不齐，提升教学能力成为迫切需求。

一类是校级领导及相关职能部门干部。其是由校领导、校团委、学生处等部门的领导干部组成的队伍，虽不常驻于教学一线，但在特定事件、活动或会议中发挥着关键作用。他们通过讲话、专题报告等形式，适时融入人文素质教育的内容，虽然这种方式的临时性和针对性较强，但其对塑造学校人文素质教育的整体氛围贡献显著。

还有一类是高职院校学生助教队伍。高职学生助教队伍也是提高学生人文素质教育质量的一支重要力量。通过精心选拔和培训，学生助教能够在人文素质教育中发挥重要作用，不仅可以增强学生之间的互动与合作，还能促进学生在学习过程中更好地理解和应用所学知识，同时也有助于培养学生的领导力和责任感。因此，学生助教队伍的建立和运行需要学校的大力支持和科学的管理制度。

总之，我国高职院校人文素质教育教师队伍的建设，正处在一个既充满挑战又蕴含机遇的关键时期。通过优化师资结构、提升教师专业素养、创新教学方法、加强政策与资源支持等措施，可以有效提升人文素质教育的质量和效果，为培养具有深厚人文底蕴、创新能力和国际视野的高素质人才奠定坚实基础。未来，随着高职教育理念的不断进步和教育技术的快速发展，高职院校人文素质教育将迎来更加广阔的发展空间和更加美好的前景。

第二章

数智赋能高职学生人文素质教育现状及分析

第一节　数智赋能高职学生人文素质教育现状

党的十八大以来，党中央十分重视将人文素养融入经济和社会发展。习近平总书记指出："一个没有精神力量的民族难以自立自强，一项没有文化支撑的事业难以持续长久。"这深刻阐明了在我国经济事业取得举世瞩目成就的当前，人文素质教育对我们国家和民族的可持续发展的重要性。高职院校作为高职学生成长成才的主阵地，理应担负起对社会主义事业建设者的人文素质培育的责任。高等职业教育占据了高等教育的半边天，但职业技术教育常常过于偏重技术技能教育，而忽略了人的全面发展。2014年6月，教育部等六部门联合出台了《现代职业教育体系建设规划（2014—2020年）》，提出"加强思想道德和职业道德教育，强化基础文化和体育、艺术课程，加强新技术教育和技能训练，为学生全面成才、持续发展奠定扎实基础"。该文件明显针对了当前高等职业教育中人文素质教育不足的问题。随着大数据、人工智能、虚拟现实等新一代信息技术在教育领域的广泛应用，高职院校的人文素质教育正迎来前所未有的变革机遇。然而，这一过程并非一帆风顺，面临着多重挑战。

一、人文素质教育发展现状

随着人文素质教育的不断发展，国家在构建以"人文素养"为核心的课程体系、展开各类人文素质教育活动、建设人文素质教育环境和多元路径、培养具有人文素养的教师等层面出台政策，全面推进人文素质教育的高质量发展。目前我国高职教育关于学生人文素养的育成已经取得一定进展，然而依然存在部分问题，亟待解决。

（一）教学内容上缺乏"链路式"教育生态体系

人文素质教育的内涵极其丰富，是一个包含了人文知识、方法、精神和行为实践等多层次的、多元化的整体结构。因此，高职学生的人文素养育成是一个系统工程，难以通过单一的课程传授知识途径达到育人的目的。从人文素质教育的顶层设计来看，需从人才培养方案修订、人文素质教育课程群建设、人文素质相关教材资源建设、教师队伍人文素养提升、人文素质教育环境构建等层次进行全方位的蓝图设计与长期谋划。从学生视角来看，人文素质教育不应仅局限在知识传递的课堂之上，高职学生的人文素质教育是为了提升学生的综合素质能力，让高职学生能够更好地走向生活、融入社会发展。因此，在人文素质教育过程中，应该注重通过更加多元的途径和渠道，培养学生的综合素质能力。

当前部分高职院校的人文素质教育呈现出较为割裂、模块式的发展态势，尚未建立完整的人文素质教育生态系统。其一，体现为人文素质教育相关课程建设呈现模块化、分裂割据的现象，缺乏科学的定位与规划，未将专业课与人文素质教育进行有机融合，实现"授业"与"传道"的相辅相成。在高职学生的专业课学习过程中，除了专业内容的训练，还应该适当地融入创新思维、团队精神及心理素质等人文素质教育内容，让高职学生在学习过程中

33

潜移默化地提升人文素养。其二，体现为缺乏人文素质教育闭环链路，无系统性的人文素质教育评价体系。高职院校构建科学合理的人文素质教育评价体系，有利于在高职学生人文素养育成过程中及时得到评价反馈，通过不断的整改和优化，提升高职院校学生人文素养培育的科学性、系统性和有效性。但目前部分高职院校尚未形成人文素质教育育成生态体系，导致难以系统性地建立人文素质教育评价体系。

（二）教学形式上缺乏"浸润式"实践育人模式

在"三全育人"的教育背景下，高职教育要构建更科学合理、更高质量、更高效能的育人体系，不能停留在单一的理论内容的教授上，需要建立全员、全过程、全方位的实践育人体系。人文素质教育实践，强调在具体的学习实践、技能操作的过程中去实现学习的目的，发挥学生的主观能动性，除了在实践经验中获取、理解和运用理论知识、理论方法外，它更强调学生应在真实情境中解决问题时提升人文素养，从而达到人文素质教育"知行合一"的目的。

当前，部分高职院校的人文素质教育方式和内容存在较大的局限性，仍然停留在理论内容的教授上。在教学内容上，关于人文素质教育的范畴囿于传统、刻板的印象，教学内容侧重于对中华优秀传统文化、历史、思想政治教育以及文学等课程内容的建设；在教学形式上，缺乏多元化、场景化的校园活动、社会实践和团队协作等"浸润式"的育人形式。传统且单一的人文素质教育方式较难激发学生的学习兴趣，若只是对学生进行理论知识的单向传输，就容易导致"填鸭式"的教育现象出现，难以体现人文素质教育的本质意义。考虑到高等职业教育区别于普通高等教育的特点，高等职业教育对学生的实践操作有更高的培养要求。因此，针对高职学生的人文素质教育应充分结合学生的专业特色，在社团活动和专业实践等具象化的场景以及切实的实践操作中，巧妙、适当地融入人文素质教育的相关内容，形成人文素质教育实践的第二课堂，激发学生的开拓创新精神和工匠精神，引导和促进学生人文精神的育成，通过"浸润式"的育人方式促进学生综合素质的全面发展。

（三）教学主体上缺乏"卓越型"师资队伍

教师是教育活动开展的主体之一，亦是开展人文素质教育活动的核心力量。教师作为教育活动中与学生互动交流最为密切的主体，教师本身的一言一行、言传身教都会对学生的人文素质教育产生重要影响，起到"润物细无声"的作用。教师自身人文素养的高低，直接影响到人文素质教育影响力的大小、育人成效的显著性。

因此，高职院校应加强对教师队伍人文素养的培育，提高对所有在校教师人文素质的要求，以及教师人文素质教育形式的要求。一方面，需要着重加强理工科类专业教师自身的人文知识储备，提升这一类教师群体的人文素养。另一方面，不论是专业课教师还是主要承担人文素质教育工作的教师，都应当加强他们关于"浸润式"人文素质教育的意识。教师群体需充分挖掘专业课程中的教学资源，结合专业特色与学生的学情特点，让专业课程教育与人文素质教育充分融合，调动学生学习和思考的积极性，让学生在理论学习和实践场景中，将人文知识逐渐内化为人文精神。

二、人文素质教育数字化转型发展现状

"不断开辟教育数字化新赛道"是2024年教育部七项重点任务之一。生成式的、个性化的人工智能数智技术不断升级发展，教育数字化转型的发展战略已经成为欧美等国家采取的重要战略举措。例如，在美国，政府早在互

联网兴起之初便开始谋划数字战略布局，包括军事和国防在内的战略布局以及各类政策支持。2021年3月，欧盟发布了《2030数字指南针：欧洲数字十年之路》，旨在深化欧盟数字化转型改革，构建数字社会。2023年1月，法国发布了《2023—2027年教育数字化战略》，提出要通过相关措施提升学生的数字素养和数字能力，同时为教师的数字化教学工作开展提供条件支撑。2021年11月，联合国教科文组织发布了《一起重新构想我们的未来：为教育打造新的社会契约》报告，强调数字教育的时代已经到来，未来教育要充分挖掘数字技术的巨大潜能。在数字技术浪潮的席卷之下，未来教育应该发挥什么样的作用、该何去何从，成为全世界都关注的教育时代命题。

我国从2022年开始全面开启教育数字化转型，通过数字技术助力教育领域的创新升级，赋能新质生产力的发展。教育开展数字化转型是时代发展所需，同样亦是教育革新升级的新挑战、新机遇和新动力。教育理念的重塑、数字技术的充分利用以及教育资源的集成共享，将对高职教育的人文素质教育发展起到加速和润滑的作用。当前高职教育在推进学生人文素质教育发展方面已经取得一定程度的进展，然而传统路径下的人文素质教育囿于时间、空间、教育资源以及教育形式等因素的限制，导致高职学生的人文素养培育依然存在效能不足、部分问题难以解决的情况，主要体现在以下几方面。

（一）应用平台各自为政，资源整合率不高

随着推进教育数字化发展的战略行动不断深化，新兴教育形态与教育教学革新催生了数字教育新基建的建设发展，各类数字教育应用平台陆续在教育教学中被投入使用，促进数字化教学，实现教育的高效发展。当前高职院校的数字教育新基建的建设虽然取得了一定的成效，但是在数字教育的实际应用过程中仍然存在许多壁垒与障碍。一方面体现为数字应用平台的建设各自为政、零散分布。在学校、院（系）、专业等不同领域分别建设数字应用平台，在一定程度上可以对各自领域的特性和需求实现有针对性的建设。然而，从数据传输、流转、应用及共享的角度来看，不同平台之间的数据难以互通或互通存在较大障碍，融通不畅，不利于进一步挖掘教育数据信息的价值潜能。另一方面则体现为数字教育资源的集成度不够，难以支撑数字教育需求。"开放""合作""共享"是未来数字教育更好地服务社会现代化和人的全面发展的变革方向，同时也是数字教育发展的优势之一。要朝这个方向发展，就需要以集成的数字应用大平台为建设基础，建立规模化的，覆盖基础教育、职业教育与高等教育的，涵盖各学科内容的优质资源库，汇聚和开发高质量的教学资源，提升数字教育效能。

（二）数字思维技术落后，教育数字化进展缓慢

教育的数字化转型并不是指简单地将数字技术应用于教育教学过程，其核心本质是对教育生态的重塑，从教师角色认知的转变、学生的受教育需求的变化、教育形式的革新，到数据信息、教育资源、教育活动乃至教育环境，都需要在传统基础上进行重新定义与审视。在这个过程中，教育主体与数字技术之间的融合以及教育范式的转变，是教育数字化转型需要重点解决的问题。

当前的大学生群体成长于数字技术快速发展的时代，他们是被称为"数字土著"的一代。不断演进的数字技术改变了当代学生的生活方式、思维方式与信息接收方式，他们的知识、技能需求呈现出更加多元化、多层次的发展趋势。传统的职业教育模式已经无法满足高职学生的受教育需求，难以激发他们的学习兴趣，导致职业教育效能下降。教育数字化转型打破了时空限制，打破了标准化、统一化的"模制"传统教学模式，通过数字技术重构教学样态，激发高职学生学习兴趣与学习热情，营造更加多元、开放和包容的数字教育环境，让学生在数字技术的全方位融入背景下，获得更多维、更多

样化的个性化发展契机。在数字化浪潮的席卷之下，数字基建的发展建设在快速推进，但部分教师的数字化思维与能力不足，导致他们难以适应新的数字化环境，传统的教育模式仍难以在短时间内实现革新升级。因此存在这样一种"两张皮""数字形式主义"的现象，在数字化的教育条件基本具备的情况下，教学模式和教学内容仍然遵照传统范式，教育形式的本质并未实现转型，学生的个性化发展需求无法得到满足。

（三）教师角色认知滞后，数字胜任力不足

教师和学生是教育活动的核心主体，所有数字化的转型发展都需要围绕师生教学活动的开展服务。目前教育主体在与数字技术融合互动上存在困难，缺乏共识和认同感是教育数字化转型的核心挑战之一。其中，尤其是教师本身所具备的数字思维、数字技能以及与数字技术融合互动的紧密程度、流畅程度，即教师的数字胜任力，乃是整个数字化教学推进发展的重要影响因素。因此，在教育数字化发展的背景下，推进高职教师队伍的数字胜任力培养，充分赋能高职教师在教育教学活动中的数字思维创新能力、数字技术掌握能力、运用数字思维解决问题的能力，势在必行，这应当成为未来教育考核一名教师教学能力的关键影响因子。

要培育教师的数字胜任力，提升教师的数字素养，其本质逻辑在于要对数字教育中教师的角色担当、教育职责进行重新审视与定义。数智技术重构了教育生态，数智教育的思维逻辑有别于传统的教育思维逻辑，作为教育活动开展的根本力量，高职教师本身的角色身份亦亟须重新定位与转型升级，以适应高质量教育发展的需求。在传统的教育模式下，教师主要承担着知识信息的"守门人"角色，在教育活动中对知识的传递进行选择和把关。在数字教育时代，知识与信息通过互联网开放共享，学生获取知识的渠道越发多样，不再拘泥于教师与课堂，生成式人工智能带给学生更多的创新与思考启发，教师知识"守门人"的角色逐渐"退场"。然而，这并不意味着教师这一角色从教育行业"退场"。智能技术工具无法替代人的作用，它可以培养学生的科学素养，但是无法替代教师完成教育环节中的学生人文精神培育，教师的角色和职责在这一关键点上得到凸显。基于此，教师乃至高职教师在数字教育环境中，应当提升自身的数字胜任力，承担对学生科学应用数字技术工具辅助学习的正向、积极引导责任，促进学生科学素养、创新思维以及人文精神等新质发展特征的育成，发挥"活性酶"的作用。

（四）数智治理效能欠佳，数据利用率偏低

在数字教育过程的管理环节中，数智技术应用平台是数字教育的发展底色，数据是发展基础，数据分析是发展关键。要实现数字教育的有效、高效管理与治理，进行数据采集与管理，合理地运用既有数据，打通教育领域各个环节的信息资源，实现共联共享互通，挖掘与激活教育数据中潜藏的价值，是赋能数字教育快速和高效发展的关键核心。目前高职院校数字教育的过程评价及反馈机制尚未建立起系统完整的评价体系及评价路径，尤其是高职学生人文素质教育成效的评价反馈机制。在传统教育条件及环境下，纯粹依赖人工评价操作的路径，各类不同的评价指标体系、海量的数据信息处理使得高职学生的人文素质教育成效越发难以进行量化呈现。在数字化的教育环境中，在既有采集数据的基础上，生成式人工智能的应用能够协助人工完成海量数据的管理与分析，使得高职学生人文素质教育成效的评价效率得到大幅度提升，让教育评价从传统走向数字赋能的路径，让教育管理模式从"人"走向"人机协同"，让教育治理模式从"人工"走向"人工智能"。

教育的数字化发展以教育数据信息的管理与治理为重要支撑，当所有的教育数字信息汇集在数字技术应用平台上时，也存在一定的教育安全风险、隐私风险和数字伦理风险等发展问题。一方面在于，目前大多数高校搭建数字应用平台均是与信息技术企业合作，相关数字基建工作都"外包"给企业实施，包括平台与相关技术、设施设备的后期维护、升级与优化都由企业承担。在此情况下，高校的教育、科研等重要信息在企业方面几乎处于"公开""透明"状态，相关信息的安全问题需要审慎对待。另一方面，学生所有的教育教学及个人发展基本信息均聚集在数字平台，亦存在被泄露的风险。最后则关系到教育评价反馈过程中的数字伦理相关问题。纯粹依靠数据分析、人工智能对学生教育发展进行评价可能会存在数字伦理问题，或缺乏一定的人文关怀精神。基于此，教育者应该在数字教育评价和学生之间发挥"把关者"和"过滤器"的作用，保护并平衡智能技术对学生的非正向影响。

第二节 数智赋能高职学生人文素质教育分析

我国高职院校人文素质教育所面临的困境并非单一因素所致，而是由客观条件与主观认知的双重制约、时代潮流与具体国情的交互影响以及教育系统内部环境与外部环境的相互作用等多方面复杂因素交织而成的结果。具体来说，教育资源的不均衡分布、师资力量的局限、教学设施的落后等，这些都直接影响到人文素质教育的实施效果。部分教育管理者与教师对人文素质教育重要性的认识不足，过度重视职业技能培训而忽视人文素养的培养，最终导致了课程设置与教学方法的偏向。此外，全球化、信息化的快速发展要求教育体系更加注重创新能力和终身学习能力的培养，而人文素质教育在这方面的作用尚未得到充分挖掘。中国特有的文化传统、经济发展水平、社会结构等因素，也对高职院校人文素质教育的内容、方式和目标提出了特定的要求，产生了一定限制。同时，现行的教育评价体系、课程设置、教学模式等，往往侧重于知识传授与技能训练，而忽视了对学生批判性思维、创新能力与人文关怀的培养。外部环境，如家庭、社会，对于教育的期待与压力，尤其是就业市场的导向，也可能促使高职院校过度关注实用技能，而忽略了人文素质教育的价值。

面对上述多维度、复杂性的成因，传统的线性、简化主义的教育理念显然难以奏效。因此，构建复杂性教育理念，运用当代复杂性理论的原理与方法，是推动我国高职院校人文素质教育健康发展的关键。总而言之，我国高职院校人文素质教育的发展，需要从复杂性教育理念出发，采取综合性的策略，既要关注教育系统的内部改革，也要考虑到外部环境的影响，更要注重学生个体的全面发展。只有这样，才能真正提升我国高职教育的质量，培养出适应未来社会需求的高素质人才。这里我们就上一节所指出的我国高职院校人文素质教育存在的几个问题，探讨造成这些问题的原因。虽然这些原因也是复杂的、多方面的，但概括起来主要集中在以下几个方面。

一、思想认识方面的误区

在深入探讨高职院校人文素质教育的深层次问题时，我们需要超越表象，直面教育者、受教育者乃至整个社会在认知与实践上的误区与不足，这些问题不仅影响了教育质量，也阻碍了学生全面发展。以下将从多个维度进行全面而深入的分析，旨在揭示问题的本质，为未来的改革与创新提供方向。

（一）地位认知偏差

在探讨高职院校人文素质教育地位的认知偏差时，我们不得不面对一个现实：尽管在理论上，人文素质教育的重要性已被广泛认可，但在实际操作层面，它往往被边缘化，成为一种象征性的存在。这种现象的存在，不仅反映了教育者与受教育者对人文素质教育本质理解的缺失，也揭示了教育体系内在机制与社会价值导向的深层次问题。长期以来，科学主义教育观占据主导地位，强调知识的客观性、实用性与可测量性，忽视了人文素养的培养，导致了人文素质教育在高职教育体系中的边缘化。以考试成绩、技能认证为主的评价体系，进一步强化了对实用技能的重视，而人文素养的评估往往流于形式，缺乏实质性的考核与激励机制。就业市场的竞争压力迫使高职院校过度关注职业技能培训，以提高学生的就业率，而人文素质教育的价值在这种功利主义导向下又进而被淡化。学生及其家庭对教育的期望也趋于实用主义，更看重短期就业前景，忽视了人文素养对个人全面发展与长期职业成功的重要性。相比职业技能培训，人文素质教育在资金、师资、教学资源等方面的投入明显不足，限制了其教学质量与影响力。人文素质教育在课程体系中的比重较小，且课程内容往往缺乏吸引力与实用性，难以激发学生的学习兴趣与主动性。部分教育工作者对人文素质教育的理解存在偏差，将其视为次要或可有可无的部分，缺乏深入探究与创新的动力。学生及家长可能受到社会舆论的影响，形成对人文教育的刻板印象，认为其对未来职业发展来说无关紧要，从而主动放弃或忽视相关课程的学习。可见，高职院校人文素质教育地位的认知偏差，根植于科学主义教育观的主导地位、就业导向的压力、资源配置的倾斜以及认知偏差与刻板印象等多重因素。这是导致我国高职院校人文素质教育存在诸多问题的最深层次的认识原因，也是最初的、处于首要层面的认识因素。

（二）特性认识缺失

在深入探讨高职院校人文素质教育的特性时，我们发现，这一领域的理论研究与实践探索存在着明显的空白。与中小学教育相比，高职教育面向的是即将步入职场、具备一定专业技能的学生群体，其教育目标、内容与方法应更加贴合这一群体的心理、生理特点及未来职业发展的需求。然而，当前的研究文献中鲜少见到针对高职院校人文素质教育特性的深入分析与系统总结，这不仅反映了理论研究的匮乏，也在实践中表现为教育目标模糊、内容选择不当、方法运用欠妥等问题。高职院校人文素质教育的特性认识缺失，直接导致了教育定位的模糊不清。教育目标应紧密围绕学生的个性化发展需求和专业成长方向，但缺乏对高职学生独特性的深入理解，人文素质教育往往流于形式，难以触及学生的内心，激发其内在的学习动力。目标的偏离不仅浪费了宝贵的教育资源，也未能真正提升学生的综合素质，使其在面对复杂多变的社会环境时缺乏必要的适应力和创造力。特性认识的缺失还体现在教育内容与方法的选择上。高职学生群体具有明显的年龄、心理特征，以及对未来职业的期待，人文素质教育应以此为基础，精心设计教学内容与方法，以满足其个性化需求。然而，由于缺乏对这一群体特性的深入了解，教育内容往往过于宽泛，缺乏针对性，而教育方法也多沿用传统模式，忽视了高职学生的实践倾向和创新潜能。结果是，学生对人文素质教育缺乏兴趣，参与度低，教育效果大打折扣。由此可见，高职院校人文素质教育特性认识的缺失是制约其发展的一大瓶颈。

（三）内涵理解片面

人文素质是指个体在人文知识、精神状态、行为能力、情感态度及思维方式等方面达到的综合素养水平。它涵盖了对人类历史、文化、哲学、艺术、道德等领域的理解和感悟，体现了一个人在社会生活中的价值取向、道德判断、审美趣味和批判性思考能力。人文素质的培养旨在促进个体全面发展，提升其社会责任感、创新精神和人际交往能力，是教育不可或缺的重要组成部分。然而，在我国高职院校的人文素质教育实践中，对人文素质内涵的片面理解导致了一系列问题。教育者和学生往往将人文素质等同于人文知识的积累，过分强调知识传授而忽视了对精神状态、行为能力、情感态度和思维方式的培养。这种认识误区源于一种隐含的信念，即认为人文素质是通过学习相关知识自然而然形成的，忽略了人文素质作为内在人格特质和潜能，需要在实践活动中逐步养成和深化的复杂过程。这种片面理解的结果导致素质教育知识化与重教轻育的后果，如将人文素质教育简化为知识传授的过程，忽视了对学生在情感、意志、价值观等方面的培养，导致教育内容单一，缺乏对学生个性和潜能的关注，不利于学生综合素质的提升，其也容易造成学生学习动机的扭曲，使教育偏离其根本目的——促进人的全面发展。由此可知，纠正对人文素质内涵的片面理解，是提升我国高职院校人文素质教育质量的关键。通过深化对人文素质内涵的理解，强化实践与体验，注重情感与价值观教育，倡导个性化教育，以及加强师资培训与专业发展，可以有效克服素质教育知识化和重教轻育的问题，促进学生综合素质的全面提升，培养适应社会需求的高素质人才。

（四）机理认识模糊

人文素质的养成并非一蹴而就，而是一个伴随个体一生的渐进式发展过程。这一过程不仅受到遗传、环境、教育等多种因素的影响，而且在不同的生命阶段会展现出不同的特点和需求。人文素质的形成机理复杂，涉及认知、情感、意志、行为等多个层面的相互作用，其发展轨迹呈现出非线性、不确定性和自组织的特点。我国高职院校人文素质教育中常见的"缺啥补啥"做法，反映了传统教育观念的局限性。这种观念基于可还原的线性思维方式，将复杂的人文素质养成过程简化为单一的知识补给与技能训练，期望通过短期的课程设置和考核评估快速得到成效。然而，这种做法忽视了人文素质发展的长期性、动态性和不可预测性，无法有效应对个体差异和外部环境的变化，从而限制了人文素质教育的深度和广度。为了应对人文素质养成过程的复杂性，需要引入更为先进的复杂性教育理念。这一理念主张，人文素质的养成是一个不可还原的非线性生成过程，涉及多个因素的交织影响和自我调节机制。在这一过程中，个体与环境之间的互动关系、内在动机与外在激励的平衡、知识技能与情感态度的融合，都是不可忽视的关键要素。复杂性教育理念强调教育的灵活性、适应性和创造性，鼓励教育者采用多元化、情境化的教学策略，促进学生自主学习、培养批判性思维和终身成长。要实现我国高职院校人文素质教育的进展与突破，首要任务是转变教育观念，从传统的线性思维模式转向复杂性教育理念。这意味着要重视个体差异与多样性、强化过程导向与情境体验、培养批判性思维与创新能力、促进终身学习与自我成长、构建协作与共享的学习生态、实施综合评价与持续反馈。总之，人文素质的养成是一个复杂而长期的过程，要求我们超越传统教育观念的局限，树立复杂性教育理念，采取灵活多样的教育策略，促进学生全面发展。通过转变教育观念，我们可以为我国高职院校人文素质教育注入新的活力，推动其在现有基础上取得实质性突破，培养出更多具有深厚人文底蕴和创新能力的高素质人才。

（五）数字理念缺乏

新时代下的高等教育应顺应数字化社会对人才培养的需要，充分利用数字技术的赋能作用，推动实现以人为本、公平、个性化、终身化的优质教育。当前，高职院校已意识到数字化转型对职业教育的重要作用，但尚未实现从以往传统的育人理念向教育数字化转型的育人理念转变，主要表现在以下几个方面：一是重视技术投入，忽视人的全面发展。在技术主义的长期主导下，高校在数字化校园建设中常存在唯技术驱动、重建轻用、建用脱节等问题。二是重视技能提升，忽视复合能力培养。生成式人工智能技术的崛起，尤其是基于大模型的内容生成能力，正逐步改变工作场所的需求，从而对高等教育的人才培养模式提出了新的挑战，同时也带来了新的机遇。在传统的教育模式下，高职院校倾向于培养专业型人才，注重学生对某一学科领域内的知识深度和技能的掌握。然而，在数字化和智能化的背景下，单一领域的专长可能不足以满足未来社会和行业的需求。企业越来越看重那些具备跨学科思考和批判性思考能力、能够解决复杂问题、富有创新精神的复合型人才。三是重视规模化育人，忽视个性化教育。目前高等教育在学规模不断扩大，2022年总规模达到4655万，毛入学率达到59.6%，普及化水平进一步得到巩固和提升。由于规模化教育的长期影响，统一的课程资源、教学模式以及评价标准难以适应个性化教育的需求，阻碍了数字时代个性化教育的实现。

二、高职院校自身的原因

我国高职院校人文素质教育面临的客观现实问题相当复杂，既包括体制内的结构性问题，也涉及社会环境的广泛影响。这些客观现实原因主要包括以下内容。

（一）教育管理体制和机制同质化，影响人文素质教育个性的凸显

我国高职院校的教育管理体制表现为高度集中的管理特征和较强的行政干预力度。学校在教学环节的设立、专业和课程的设置以及内容的调整等方面，往往需要遵循上级教育主管部门的规定和要求，缺乏足够的自主性和灵活性。这种管理模式虽然在一定程度上保证了教育的规范性和统一性，但也限制了学校根据自身特色和市场需求进行创新和调整的能力。在这样的管理体制下，高职院校的人文素质教育往往难以摆脱统一性和同质化的格局。教育内容和方法的灵活性受限，高职院校难以根据学生的兴趣、特长和未来职业发展的需要进行个性化设计。人文素质教育的目标、内容和方法往往受到标准化、程序化的限制，难以体现出学校的特色和创新，也难以满足社会对多元化、个性化人才的需求。近年来，随着我国教育体制改革的深入，越来

越多的声音呼吁给予高职院校更多的办学自主权，以适应经济社会发展的新需求。教育管理部门也在逐步推进简政放权，鼓励学校根据自身定位和市场需求进行专业设置和课程改革。这一系列改革举措为高职院校人文素质教育的创新和发展提供了契机。综上所述，高职院校教育管理体制的科学性和灵活性对于人文素质教育的发展至关重要。通过增加办学自主权、促进教育多样化、加强校企合作、提升教师队伍素质以及构建评估与反馈机制等策略，可以有效推动高职院校人文素质教育的创新和发展，培养出更多具有人文素养和创新能力的高素质技术技能人才。这不仅有利于提升教育质量，也将为我国经济社会的可持续发展提供强有力的人才支撑。

（二）自身办学条件和经费有限，影响人文素质教育质量的提升

我国高职院校在过去的几年里确实实现了办学条件的显著改善和经费投入的大幅增加，这对于改善教育环境和提升教学质量起到了积极作用。然而，人文素质教育在其中所占的份额却相对有限。对人文社科类课程的经费支持，无论是从绝对数值还是从总预算占比来看，都远低于其他科目，特别是在实验室建设、实践基地开发、师资培训等方面的投资。这种资源分配的不平衡，直接导致了人文素质教育在硬件设施、软件资源、师资力量等方面条件相对匮乏。由于经费和条件的限制，高职院校的人文素质教育往往局限于传统的课堂教学，缺乏多样化的教学方式和丰富的课外活动。这不仅限制了学生对人文知识的深度理解和情感体验，也难以培养学生的实践能力和创新精神。实践教育是人文素质教育的重要组成部分，它能够让学生在真实的社会环境中学习和应用人文知识，培养其社会责任感和人文关怀。然而，由于缺乏必要的资金和条件，许多高职院校无法组织学生进行校外实践锻炼、社会走访体验等活动，这直接影响了人文素质教育的效果。人文素质教育的师资队伍建设和培训同样受到经费限制的影响。教师的专业发展、教学方法的创新和

个人研究能力的提升都需要相应的资金支持。如果经费不足,教师的培训机会和学术交流活动将大大减少,进而影响到教学质量和学生的学习体验。可见,完善高职院校人文素质教育的条件保障并加大经费支持力度,是提升教育质量、促进学生全面发展的重要途径。

（三）校园人文氛围和师资匮乏,影响人文素质教育效果的彰显

在高职院校的人文素质教育中,优秀的师资力量是至关重要的。他们是人文素质教育的具体执行者,不仅负责传授知识,更重要的是引领学生培养深厚的人文情怀和批判性思维。然而,当前我国高职院校在人文教育师资方面面临严峻挑战。许多高职院校缺乏能够高水平地进行人文素质课堂教育的专业教师,尤其是在文学、哲学、历史等人文学科领域,师资力量明显不足。更严重的是,缺乏能够在课堂之外,通过实践活动、社团指导、文化活动等多种形式进行人文素质教育的复合型师资。这类教师不仅要有丰富的人文知识,还要具备组织能力、创新思维和教育智慧,能够激发学生的人文兴趣和潜力。在人文社科和专业课教师中普遍存在重教书轻育人的倾向,即过分注重知识的传授,而忽视了对学生情感、价值观、道德品质的培养,这在很大程度上削弱了人文素质教育的实效性。同时,高职院校在校园人文氛围的营造上存在明显不足。新建或扩建的校园往往过于注重建筑规模、豪华设施,而忽视了校园文化的建设,导致校园环境缺乏文化底蕴,缺乏能够体现高职院校本质和精神的元素。在校园中弥漫的往往是工具理性的价值观和崇尚科技主义的氛围,传统的优秀文化、人文精神的传承与发扬显得弱势,被边缘化。校园内缺乏丰富的人文活动和社团组织,学生很少有机会参与文学、艺术、历史、哲学等领域的深度探索,人文教育的外延和内涵受到限制。这正是我国高职院校人文素质教育整体效果不能令人满意和课堂教学的实效性广遭诟病的重要原因。

三、新时代提出的新挑战

高职院校的人文素质教育，如同所有教育活动一样，深深植根于特定的时代背景和社会环境。在新时代，我国经济社会步入高质量发展阶段，科技的迅猛进步，以及全球化、信息化浪潮的席卷，都对高职院校的人文素质教育提出了新的挑战和要求，其中最主要的有以下几点。

（一）现代科学技术飞速发展的牵引与冲击

当今时代，科技知识和应用技术的飞速发展，深刻地改变了社会结构和人们的生活方式。在知识大爆炸和科技突飞猛进的背景下，科技化已成为社会发展的主旋律，占据了人们生活的中心位置。这种科技至上的倾向，不可避免地使人文素质教育处于边缘化的境地。在教育投资和资源配置上，科技教育得到了更多的重视和投入，人文素质教育的资源相对匮乏，影响了人文素质教育的深度和广度。科技的快速发展吸引了社会的广泛关注，人文素质教育在社会公众中的关注度降低，其重要性在一定程度上被忽视。同时，网络化和虚拟化的普及，为人们提供了前所未有的信息获取和交流渠道，但同时也带来了诸多挑战，对传统的价值观和人文精神构成了冲击。例如，网络上信息海量、质量参差不齐，使得辨别真伪变得困难，影响了人们的认知判断和价值取向；虚拟世界中的自由开放交往方式，有时会导致现实生活中人际关系的疏离，影响了人际交往的质量和深度；网络空间中的匿名性和去中心化，使得一些传统道德底线和法律界限受到挑战。高职院校的人文素质教育必须与时俱进，勇于革新。通过科技人文融合教育、网络素养教育、跨文化交流与全球视野培养、创新与创业教育、社会实践活动以及心理健康与情感教育等多方面的努力，高职院校可以培养出既具备专业技能，又拥有深厚人文素养和全球视野的高素质人才，为社会的持续发展和文明进步贡献力量。

（二）现代科学主义教育模式的统御与挤压

现代科学主义教育模式以对科学技术的重视和对学生科技能力培养的侧重为特征，自20世纪末以来，逐渐成为全球范围内高等教育的主流模式，尤其在中国高职院校中占据主导地位。这一模式的兴起，源于工业革命以来社会对科技人才的巨大需求，以及科学技术在推动社会进步中的重要作用。然而，这种模式的过度发展也带来了一系列问题，尤其是在人文素质教育领域的忽视和挤压现象。在科学主义教育模式下，课程设置和教学内容往往侧重于科技知识和技能的传授，忽视了对人文知识和素养的培养，导致学生在人文领域的知识和能力相对薄弱。在科学主义教育模式下，评价体系往往侧重于量化考核，如考试成绩、技能认证等，而忽视了对学生人文素养、创新思维和情感态度的全面评价，限制了学生的全面发展。科学主义教育模式下的教学方法，如讲授法、实验法等，虽然适合传授科技知识，但对于人文知识的传授，如文学、哲学、艺术等，往往显得力不从心，难以激发学生的人文兴趣和创造力。此外，科学主义教育模式的主导地位使得人文素质教育在高职院校中处于被边缘化的位置。在教育投资和资源配置上，科技教育得到了更多的重视和投入，而人文教育的资源相对匮乏，这影响了人文教育的深度和广度。由于科技课程安排密集，人文课程往往被压缩，学生在人文领域的学习时间和深度受到限制。教育目标过分侧重于科技能力的培养，忽视了人文素养的提升，导致学生在人文领域的知识和能力相对薄弱，难以形成全面的人格和价值观。可见，科学主义教育模式虽然在推动科技发展和培养科技人才方面发挥了重要作用，但其对人文素质教育的挤压和忽视，也引发了教育界和社会的广泛反思。在新时代背景下，高职院校应当重新审视科学主义教育模式，寻求科技与人文的平衡，通过课程改革、评价体系创新、教学方法革新和师资培训等措施，促进学生全面发展，培养具有深厚人文底蕴和科技素养的高素质人才。

（三）现代社会环境快速变化的制约与影响

我国高职院校近几十年来推行人文素质教育，这一时期的社会环境复杂多变，各种新旧思想、体制、生活方式相互碰撞与融合，为人文素质教育的创新与发展提供了广阔空间，但同时也带来了挑战。社会的快速变迁使得人文素质教育的探索尚处于初期阶段，未形成稳定成熟的模式，存在诸多问题与不足。在这一转型时期，我国社会发展的核心问题是经济建设，以发展经济为首要任务。作为培养社会经济发展所需人才的重要阵地，高职院校自然侧重于科学技术教育，致力于培养懂科学、掌握技术的应用型人才。这种侧重于科技教育的模式进一步强化了科学主义教育的主导地位，而人文素质教育则相对边缘化。要想使人文素质教育恢复其应有的地位，需要在科技教育与人文教育之间找到有机统一的平衡点，使二者相辅相成，共同促进高职院校教育的健康发展。在追求经济效益的社会氛围中，功利主义价值观逐渐成为衡量事物价值的标准，急功近利、追求实用效益的心态在社会各阶层中蔓延。高校内部，无论是教育理念的转变，还是教学内容与方法的创新，都需要在功利主义价值观的包围中寻找突破口，以期恢复人文教育的本真价值，培养具有深厚人文素养和高尚道德情操的未来社会成员。总之，我国高职院校人文素质教育的发展受到复杂多变的社会环境、经济发展的主导逻辑以及功利主义价值观的多重影响。面对这些挑战，教育者和社会各界需共同努力，通过政策引导、教育理念革新、课程体系优化、教学方法创新、评价体系改革、校园文化培育以及社会合作与资源共享等策略，推动人文素质教育迈向更高层次，培养出既有专业技能又有深厚人文素养的高素质人才，为我国经济社会的持续健康发展贡献力量。

以上种种说明，面对复杂多变的社会环境、技术革命与就业市场，我国高职院校人文素质教育的创新变革已经十分迫切。我国高职院校人文素质教育正站在面向未来发展的转折点上，在教育理念的转变、教学模式的创新、评估体系的重构、师资队伍的建设、校园文化的培育等方面，高职院校人文素质教育面临着前所未有的挑战。因此，对我国高职院校人文素质教育进行创新变革，不仅是为了应对当前的社会经济高质量发展对人才的需求，更是为了培养具有国际视野、创新精神和深厚人文底蕴的未来公民，为国家的可持续发展和全球竞争力的提升做好人才支撑。这一转变既是时代的呼唤，也是教育使命的必然选择。

第三节　数智赋能高职学生人文素质教育路径的构建思路

前文所述的教育数字化发展现状，为高职院校的人文素质教育数字化转型建设提供了一定的经验总结与借鉴参考，也为高职院校人文素质教育的数字化转型发展提出了建设新目标与管理新要求。本书通过构建针对高职学生人文素质教育发展的系统框架，重点利用人工智能等数智技术赋能人文素质教育高质量发展，解决当前高职院校人文素质教育管理与治理体系不完善、数智技术应用价值挖掘不深入、育人评价体系不完善和成效难量化等问题，以及反馈机制缺乏及时性与准确性等高职教育人文素质教育效能不足的问题。

一、完善人文素质教育数智化转型顶层设计

高职院校要推进人文素质教育数智化转型，首先需要对数智化的人文素质教育体系进行顶层设计，明确高职院校的人文素质教育开展数智化转型的教育意义，理清其底层逻辑，设计确切的转型发展目标和要求，擘画人文素质教育的数智化转型长期蓝图，再进行针对性的系统性思考，对数智化转型

发展建设内容的轻重缓急、优先次序做好系统规划。通过统筹发展规划，高职院校在数智化新基建推进建设过程中，一能避免各类数智技术与应用分裂割据、各自为政和数据信息难以联通共享的情况出现，二能避免学校高度重视数智基础建设，却在实际的教育教学过程中轻视或未发挥数智应用价值，导致建设与应用"两张皮"的情况出现。

二、厘清人文素质教育数智化转型底层逻辑

针对高职院校人文素质教育目标，通过数字技术、智能技术等科技手段，可以实现高职院校学生人文素养与人文精神的高度育成，促进高等职业教育的教学改革及数智化转型的高质量发展。

首先，构建集数智教育、分析、决策与治理于一体的"四轮驱动"数智技术应用平台，将其作为人文素质教育数智化发展建设的技术应用物质载体。其次，建立人文素质教育的育人要素体系、育人成效评价体系和育人过程管理监测体系，以数智技术应用平台和数据信息支撑三大育人环节的有效运转。最后，依托数智技术应用平台，构建"具身交互"和"境脉学习"的"双重沉浸"育人模式，促进高职院校人文素质教育与数智化发展的高度耦合，实现高职学生人文素养与人文精神的育成。让数智技术手段充分协助人文素质教育全过程、全体系，发展智慧教育，育成具有人文素养、人文精神、工匠精神、劳模精神的高素质技术技能人才。

通过数智技术赋能来构建高职院校人文素质数智化教育体系，是驱动人文素质教育的传统教育方式走向智慧教育转型、实现高职学生人文素养育成的教育理念革新的核心力量。智慧教育通过数智技术对教育模式、教育环境、教学方法和人才培养四方面进行赋能，主要体现在教育观念、技术和方法的创新，人才观念的转变与升级上。随着人工智能等数字技术的不断发展，智

慧教育的内涵和外延亦在不断拓展延伸，但究其本质，其目的依然是强调技术与教育的深度融合，通过智能化的系统和工具，为教育者和受教育者提供灵活的、高效的、具有创新性的服务，满足个性化发展的教育教学需求，促进教育创新和质量提升。

智慧教育的核心优势主要体现在以下几方面：一是数据驱动教学升级。利用教育教学过程中采集以及产生的各类数据信息来不断升级和优化教学方法和学习方法、学习体验。二是技术融合增强教育效能。数智技术在教育教学全过程中的深度整合、融入，如人工智能、虚拟现实、映射技术等，能够实现多维度、多样态、多元化的教育场景，以增强学生的互动性、激发学生的学习兴趣。三是智能评估形成及时反馈。人工智能能够随时抓取海量数据，实现数据的即时分析与成效评估，为各个教育环节提供及时、快捷的教育成效反馈及优化策略。四是满足学生的个性化学习需求。智能教育系统打破了教育场景的时空限制和获取知识信息的渠道壁垒，并且可根据受教育者的特点和需求，通过大数据分析与智能决策，为受教育者提供定制化的学习内容和学习策略。五是建立学习型校园和社会的重要支撑，受教育者可以在任何时间、任何阶段开展持续性学习。

高职院校人文素质教育的数智化转型与智慧教育的教育模式构建的逻辑相同，因此，人文素质教育体系的发展离不开数字基础设施的建设、教育教学理论的完善、教学设计的优化、技术的整合以及反馈评价机制的建立。本书从数字技术应用平台建设、契合智慧教育的教育教学理念与模式的构建，到整个高职学生的人文素养育成过程体系的建立出发，构建出"双浸三环四驱"的人文素质教育数智化发展路径，以赋能高职院校的人文素质教育从传统教育模式向智慧教育模式转型升级。

三、明晰人文素质教育数智化转型路径

（一）建立开放、联通、共享的人文素质教育数智化平台

在智能技术快速迭代发展的数智化时代，教育领域不断深化数智化转型改革，建设并升级数智化教育的基础设施环境不仅是实现智慧教育发展的基础支撑，更是推动教育创新和质量提升的重要依托。对各类人文素质教育数字资源、智能系统及技术的应用实践等教育服务内容进行集成建设，有助于解决当前各类数字教育应用平台长期存在的"信息孤岛"问题，实现数据信息、教育资源的联通共享，建立起更加开放、包容和创新的人文素质教育生态体系。

1. 推动人文素质教育数字资源的集成建设

数字教育资源建设是人文素质教育数智化转型的关键，且不仅对数智资源的内容建设有要求，在进行数智技术集成平台建设前期，在数字资源的利用渠道和形式、传播效能以及应用成效等各方面，都需要进行系统性的统筹规划。

一是在数字资源的建设与集成上，不仅要对传统教育资源的文字和影音内容进行集成建设，还需将数字教育资源的建设贯彻深入人文素质教育数智化转型的各个环节中，鼓励多元主体共建资源。传统的人文素质教育的内容资源形式较为单一，主要表现为文字内容和影音内容。但在人工智能等数智技术的融入发展背景下，可将虚拟与现实相结合，让高职院校学生实现跨时空的人文素质相关内容学习，通过各类碎片化、多样化及场景化的数字教育资源，激发学生学习兴趣。除了高校对数字教育资源的建设外，还可倡导和鼓励行业专家、企业、教师和学生等多元主体共同参与数字教育资源的建设和完善，从而形成一个开放、联通、共享和协作的学习型社区。

二是在数字资源的传播与应用上，需要优化资源的使用体验，增强资源传播的多样性与效能。在"用户为王"的数智时代，产品需要围绕用户需求进行设计，数字教育资源建设在考虑传播与应用的场景时，不得不考虑教师与学生的使用体验。一方面，需要通过大数据分析和智能系统的算法推荐，结合师生在使用过程中呈现的应用偏好，进行针对性和个性化的推荐，根据不同使用者的需求，提高数字教育资源的利用效率和传播效能。另一方面，需要在集成建设过程中优化使用者的知觉体验，增强互动性、趣味性和便捷性，提升学习效果。

三是在数字资源的管理与维护上，既要考虑资源的建设更新，也要注意甄别信息，注重真实性与安全性。在信息呈指数爆炸式增长的社会环境中，各类信息资源日新月异，更替较快。人文素质教育的数字资源建设不是一项一劳永逸的"工程"，而需要不断跟进时代的发展，确保教育资源的持续更新和维护，以适应人文素质教育的发展需求以及技术发展带来的变化。同时，也应加强对数字教育资源的严格审核，注意对资源信息的真实性与安全性进行甄别，促进数字教育资源的良性发展。

2. 实现人文素质教育数字资源的联通共享

数智教育的真正潜力在于其共享与开放的特征，通过建立开放的数智技术应用平台，将分散的优质人文素质教育资源聚拢，不仅能提升教育资源配置的合理性与有效性，而且能实现教育资源跨越时间、空间的分享与传播。这种包容、开放和创新的数字资源共享模式，能够在极大程度上丰富数字教育资源的内容建设，增强教育资源的传播效能，为不同区域、不同文化背景和不同条件的人提供平等获取教育资源的机会。随着数智技术的不断升级以及相关政策的出台，人文素质教育数字教育资源的共享开放将为推动教育公平、建立终身学习的社会环境奠定重要的基础。

3.赋能人文素质教育数字资源的平台应用

人工智能技术在教育领域的应用，已经远远超越了其对教育内容的单纯影响。其在人文素质教育教学过程、评价反馈机制等方面所产生的影响蕴含着巨大潜力，不仅能够提高教学效率和教学质量，而且能为人文素质教育资源的共建共享提供强大的动力。人工智能技术推动了远程教育、翻转课堂和项目式学习等新型教育模式的发展，为教育创新提供了更多的可能性。除此之外，人工智能技术能够做到根据学生的学习行为、学习习惯以及学习偏好，提供具有针对性、个性化的学习资源和学习策略。同时，人工智能技术可以通过智能系统辅助教师进行课堂管理、教学评估反馈，对教育过程中的数据信息进行数据分析，并以此为依据为教育决策提供科学依据，从而优化教育政策和教学策略。

然而，技术发展的最终目的是为人的发展服务，在教育领域中，数智技术的应用始终要围绕教育的本质和目的。因此，在人文素质教育数字化转型的过程中，数智技术的应用关键在于如何服务于既定的教育目标，在恰当的教育场景中提升教学效率与教学体验。但在数智技术的应用过程中，需要关注教育伦理和责任问题，确保技术的使用遵循尊重隐私和促进人的发展的原则。

（二）提升高职院校教师数智素养与胜任力

数智技术对人文素质教育模式、体系的革新发挥着重要作用，在数智化浪潮的席卷下，对高职院校教师数字胜任力的培育和提升迫在眉睫。当前，关于高校教育者的数字素养和数字能力框架的相关研究在国内外均有相应成果，我国教育部为了推进国家教育数字化战略行动，完善教育信息化标准体系，提升教师掌握和运用数智技术、创新教学思维的能力，研究和制定了

《教师数字素养》标准。这一标准框架设置了5个一级指标、13个二级指标和33个三级指标，从数字化意识、数字技术知识与技能、数字化应用、数字社会责任和专业发展等五个维度，对教师应具备的数字素养进行了全面的描述。在发展新质生产力的背景下，我国对高职教师的数字胜任力培养又提出了更高的要求，除了数字思维以及对数智技术应用的熟练和掌握外，还需要培养高职教师的跨界思维和复合思维等创新能力。

从多角度分析高职教师在未来教育发展中需要承担的角色身份和职责所在，高职教师的数智胜任力标准除了要实现《教师数字素养》能力框架标准的培育目标外，还可从以下三个维度进行考量：一是不断进行自我更新的持续学习能力和跨界融合能力。高职教师需通过跨专业、跨领域甚至是跨国的交流合作学习平台拓展教学科研视野，更新自身知识和技能储备，发挥更加强大的科技融合创新驱动能力。二是逻辑思维和批判性思维。无论技术如何演进，其始终是教育教学的工具而非主宰，高职教师在应用数智技术工具的过程中需要具备独立的批判性思维和逻辑思维，才能更加科学、合理地运用智能工具，并引导学生在智能工具的学习应用过程中培养出批判性思维，培育具有工匠精神和劳模精神的技术技能人才。三是"AI领导力"。当前生成式人工智能应用大模型的优化升级日新月异，其在教育领域的应用既可以作为学生交互式学习的"智能教师"，亦是教师教育科研工作的工具和合作伙伴。生成式人工智能系统的潜力巨大，但是如何去挖掘和"驯化"人工智能，使其发挥出更多潜藏的价值，则需要教师自身在与生成式人工智能交互的过程中，首先培养和提升自身在人工智能方面的对话能力、管理能力、创新能力等AI领导力。

（三）实现高职学生个性化需求发展

高职院校人文素质教育数字化转型的发展目标除了提升教育效能，还包括激发高职学生的学习兴趣、满足与实现学生的个性化发展需求。具有针对性的、满足个性化定制的学习模式与路径在传统的人文素质教育体系下较难实现，传统的教育路径中高职教师与学生的教学关系呈现"点"对"面"的特点，教学内容通常通过统一"模制"向学生教授，难以兼顾各个学生自身的学情与学习需求。人工智能等数字技术为未来教育创造了更多可能，创新了智慧教育的样态，人工智能应用系统让学生获取知识信息的方式转变为"点"对"点"的"家庭教师"服务，能在较大程度上满足学生的个性化学习需求。

1.实现学生个性化指导的路径

要满足高职院校学生人文素质教育的精准化教学和个性化学习需求，大数据和生成式人工智能在人文素质教育数字化发展建设领域中的嵌入使用，可以为学生提供效率更高且适应性、针对性更强的学习服务和学习体验。这种应用一是体现在学习行为分析与个性化推荐上。大数据技术可以收集和分析学生的学习行为、偏好以及学习进度等信息，再结合算法对相关教育教学数据进行分析处理，识别学生的知识掌握程度、学习习惯以及学习短板。基于分析结果，数智技术教育平台能够为学生制订或推荐符合其学习规律和特性的学习内容和学习方法。二是体现在智能教学系统的设计上。人工智能进行学习推荐不能完全"顺应"学生的习惯和偏好，应具备一定"批判性思维"与"纠偏思维"，以实时监控学生的学习状态，对学生获取的内容资源进行把关审核，及时调整教学内容和学生学习习惯，让学生在学习的"舒适区"之外获得适当的学习挑战，提高学习能力与效率。

2.提升学生学习能动性的策略

在建设人文素质教育数字生态体系过程中，提升高职学生学习的主观能动性、调动学生学习的积极性与主动性是人文素质教育发展的关键目标。其中，通过数智技术工具的创新，利用人工智能辅助教学，创设自主学习与写作学习的第二课堂是激发学生学习兴趣的重要方法。同时，数智技术支持访问多样化的学习内容，让教学内容通过虚实相融的形式服务于教育者与受教育者以进行沉浸式的学习，既提升了学生互动能力，亦是调动高职学生学习主动性的策略。

3. 评估学生学习参与度的成效

人工智能介入下的高职院校人文素质教育成效评估是教学反馈中的重要环节，也是进一步优化乃至固化人文素质教育成效的关键一步，需要在教育教学过程中进行持续性评估并获得教学反馈。人工智能系统虽然可以实时监控学生的学习进度和知识掌握情况，基于数据分析为学生提供优化学习的策略路径，但不能完全取代教育者的身份职责。尤其是考虑到教育教学过程中对学生的人文关怀和数字伦理等问题，教育者应当将人工智能系统作为辅助教学和教学反馈的工具，把握合理运用与科学运用的平衡点，而不应该被其主导。

（四）培育学生精益求精的工匠精神

立足高职学生人文素质教育，目的是促进和实现学生综合素质的全面发展，这是高职教育的内在品性、贯彻"以人为本"科学发展观的必然要求和国际职业教育的发展趋势。针对当前高职院校人文素质教育存在的问题，在通过数智技术赋能人文素质教育创新发展的过程中，除了要求教育者在教学内容、方法和评价机制等方面实现创新和改革外，提升教师队伍的人文素养，加强人文素质教育与专业课程教育内容相互嵌入、深度融合的课程体系，以及具备浓厚人文素质教育氛围的环境，亦是实现高职学生人文素养育成的关键。

1. 融合古今，智评人文

构建高职院校人文素质教育评价体系是实现人文素质教育科学性、系统性和有效性发展的重要保障。通过建立全面、完善的人文素质教育体系，将人文素质教育实施路径措施细化和量化，加强对学生自我教育意识和能力的培养，加强中华优秀传统文化与国际视野的融合，方能全方位地优化高职学生人文素质教育的各个环节。开展人文素质教育评价体系建立工作之前，首先需要考虑清楚两个问题：一是树立正确的高职学生人文素质教育理念，明确针对高职学生的人文素质教育培养方向与培养内容应该如何构建；二是如何将数智技术科学合理地应用于学生人文素质教育成效评价过程中，挖掘出教育评价反馈更强大的价值潜力。

2. 德技双馨，智联人文

高职院校的人文素质教育并非独立开辟的一类教育内容体系，其教育发展和学生素养的育成应始终贯穿于思想道德教育与职业素质培养的全过程。在传统的人文素质教育模式下，有限的教育资源与教育手段较难实现人文素质教育在其他课程学习中的浸润教育作用，尤其是职业素质教育课程，在专业属性较强的条件下，如何将人文素质教育内容融入课程之中，从而使课程设计流畅而不生硬，是一项比较具有挑战性的教学任务。在各类层出不穷的数智技术应用技术对教育教学的加持下，人文素质教育内容在思想道德教育和职业素质教育课程中的嵌入与渗透操作难度相对降低，有利于营造良好的学习氛围和提升学生的文化素质。

3. 育人铸魂，智启匠心

在高职人才培养的过程当中，高素质技术技能人才是高职院校人才培育的首要目标，但要实现中华民族的伟大复兴，高素质技术技能人才还需要正确的世界观、人生观和价值观引领。对高职学生来说，培育劳模精神、劳动精神和工匠精神，是树立其正确价值观和世界观的重要手段，是我国制造业产品高质量发展、原始创新能力提升和规模拓展、产业经济转型与升级的内驱力。工匠精神的内涵也在随着时代的变化与时俱进，但其始终是我国建设制造强国、文化强国的有力支撑。因此，在高职院校人文素质教育数智化转型体系中，对高职学生工匠精神培育的目标、内容及路径策略，应进行重点设计与规划。

第三章

数智赋能高职学生人文素质教育"双重沉浸"方式的创新与实践

　　高职院校人文素质教育开展的根本任务在于促进学生综合素质的全面发展，面对以生成式人工智能为代表的前沿数智技术对教育行业的冲击与变革性影响，倒逼高职院校的人文素质教育朝着"新质人才培养"的发展目标快速迈进。数智化的人文素质教育区别于传统的不只是数智技术应用的介入，相应的数智育人制度、育人服务、育人模式及整个育人的生态体系都需要结合数智教育的底层逻辑思维，开展调整工作，甚至是重塑工作。数智化的学习体系的目的是促进学习者轻松地、沉浸投入地和高效地学习。要实现人文素质教育数智化转型，在教育教学改革创新中发挥切实成效，将数智教育的底层逻辑思维融入教学改革中是发展目标，将教育心理学相关理论结合嵌入育人模式的改革创新是关键指引，把握高职学生的学情、学习心态、兴趣与发展需要是核心诉求，构建满足以上改革创新需求的数智化育人环境、提供基本条件保障则是重要基石。

第一节　理论基础

一、境脉理论

"境脉"这一概念最早被运用于语言分析，主要指某个词语或者段落表达的含义通常由其所处的特定语言环境所决定。关于境脉，相关研究者在多个领域中有不同的应用和解释。在文化和历史研究领域中，与境脉相关的研究主要涉及文化的发展和变迁，例如，在中华传统文化范畴内的美学中，"境"的概念是一个不断发展完善的历史阶段和过程；在科学研究与实践领域中，境脉这一概念通常被用于分析和解释复杂环境中的发展情况；在艺术和审美研究领域中，境脉通常指涉通过艺术创作来表达文化和哲学涵义的手段和方法，或艺术家如何通过作品传达理念。境脉在教育学领域中的应用亦较为广泛，通常被用来描述教学设计中的情境与知识、技术、社会等相关元素的整合，境脉思维强调以特定的教学目标为导向，设计具有动态生成空间的教学情境。

相关研究者对境脉的定义进行了比较研究，认为大部分研究者并未下一个具有普适性或者通用性的定义，多为对境脉信息种类的列举或对其可操作性的讨论。戴伊等人基于前人的研究，将计算机应用领域中的境脉定义为"所有可以用于确定包括人、地点和物体等在内的当前主体所在的情景的信息，包括用户及相关应用本身"，这一定义获得了不同领域的众多研究者认可。在这一定义当中，境脉具有主体指向性、整合性和动态性的特征。主体指向性指境脉总是以主体为核心开展工作，整合性指境脉总是尽可能全面地搜集并整合与主体相关的信息，动态性指主体所处环境中的信息总是相互关联，并且随着外界环境条件的变化而持续处于动态发展中。总体而言，境脉是一个多维度的概念，涉及教育、艺术、科学和社会等多个领域。通过境脉的视角开展理论分析，可以为研究多维度、多视角和全方位深入解析情境当中的各类要素提供新的视角。从教育学的研究视角出发，学习行为总是在动态的系统中变化发展的，境脉学习则主要是基于解决问题、综合运用知识、涵育元认知素养的学习行为，通过沉浸式、场景式的教育教学方式润育人才培养。

二、建构主义学习迁移观

建构主义理论是当代兴起的一种社会科学理论，瑞士的让·皮亚杰最早提出了建构主义学习理论。皮亚杰关于建构主义的相关理论观点主要源自他在儿童心理学发展领域的相关观点。在他看来，儿童的学习发展主要源自与周围环境的相互作用，基于此逐渐建构自己对外在环境的认知，从而建构起自身的认知结构，这种认知并不源自主体自身或客体环境，而是通过主体与客体环境间的相互作用而动态构建起来的。在建构主义学习理论中，学习被定义为一种社会活动，学习行为需要在一定的情境中发生，不能脱离现实实际，只有这样学习行为和知识才能够得到清晰建构。简言之，学习是学习者在已有的知识、技能和实践经验的基础上，在特定的环境条件当中，学习者自身主动对新获取的知识信息进行加工处理，构建知识表征的过程。

建构主义学习迁移观则强调知识在新的情境下的重新构建。传统的学习迁移观被理解为：学习者能将获得且内化的知识应用于另外的事件或者情境中。这种"迁移"广泛存在于知识、技能和行为规范的学习中，是学习的重要方式之一。部分学者认为只有当知识应用的事件或情境有相同要素时，才能够产生迁移。就建构主义学习观而言，学习的情境和应用的情境均位于动态发展的体系中，学习者的学习情境和应用情境都会随着外界环境条件的变化而被重新建构，从而在建构过程中产生影响。因此，知识是学习者主动构建的，学习的实质是学习者的经验系统的变化，知识与知识的应用通过学习者与已有知识的动态互动被构建为新的知识，在这个过程中，学习迁移得以发生。

三、情景认知理论

在情境认知观点中，认知过程主要由情境来建构、指导和支撑，个体的心理活动通常是在具体的情境中发生的。情境可以被划分为三个不同类别的层次，一是物质的或者事件的，二是具体的环境或者生态体系，三是社会的或者互动情景当中的。人类的认知行为或其他类型的行为是处在动态发展过程当中的，具有可变性，并在较大程度上依赖于行为发生时所处的具体环境，其中，"认知行为"在情境理论当中被认为具有社会的、寓身的、具体的、情境的、参与的和特殊的特征。其中，具体特征强调外在的物质和环境条件对认知行为的发生起到非常重要的作用；寓身特征主要指人的认知行为与能力不仅与大脑活动相关，而且与身体本身相关，需要通过依赖和使用身体来实现，因此，身体也是认知功能的重要组成部分。

情境认知观从兴起到发展，主要划分出了三种不同角度的观点。一是寓身认知观。寓身认知观兴起于20世纪80年代，该观点认为包含感知和运动在内的身体可以影响人的认知，它们之间存在一定的因果关系。现代认知心理学中占据主导地位的是认知主义和联结主义，由心理学发展而来的寓身认知观是对认知主义和联结主义等经典认知研究框架的发展，它比传统的认知心理学更适合理解日常生活中人们的心理与行为。寓身认知观最重要的理论体现在其认为如知觉和抽象思维等认知活动都与身体的活动是密切关联的，身体不是简单孤立的生理结构，而是位于具体环境中的大脑和身体系统中，心灵和精神都是生物体的活动方式。

二是情境嵌入认知观。该理论观点兴起于20世纪80年代，与寓身认知观有一定的相似之处，支持情境嵌入认知观的研究者通常也认同寓身认知观。情境嵌入认知观打破了传统的通俗心理学将心理视为容器，学习就是往容器里装东西的观点，提出了知识总是嵌入在具体实践当中的，而心理是知识与经验的识别者，在与情境交互作用的过程中获得识别知识与经验的能力。情境嵌入认知观虽然强调认知活动对具体情境的依赖，主张从动态系统的角度分析学习现象，但其本身并不排斥单个个体的学习活动，认为不同活动系统之间也会发生学习迁移，认知理论和行为观点也可被整合进情境认知观中。

三是延展认知观。在传统的认知科学中，认知行为的发生以大脑为边界，且相关认知过程并非需要整个大脑参与，或许仅发生在部分神经元子集当中。第二代认知科学的到来开启了重视身体、大脑和环境等在认知过程中的相互作用的先河。其中，延展认知理论提出，认知行为不仅不局限于大脑，甚至超越了身体的边界，外在的环境也是认知的构成要素，认知过程是神经结构和过程、身体结构和过程、环境结构和过程的融合。认知的延展主要通过由"大脑-身体-环境"中具体要素构成的认知耦合系统来实现，当人类身体与外在环境之间以交互作用建立起联系，并且通过这个交互联系促进行为能力和认知行为的发生，一旦移除某一组成部分便无法达到之前的认知效能时，认知即在这种情况下实现了延展。延展认知作为具身认知的分支，在人工智能广泛应用于社会各类情境的当代环境中，强调脑内过程和脑外过程在认知功能上是对等的，在探究人工智能与认知行为的关联性及效能作用方面，延展认知能发挥重要作用。

四、具身认知理论

具身认知理论是一种强调身体在认知过程中发挥关键作用的理论。它认为，认知不仅仅是大脑的信息处理过程，而且是身体与环境互动的结果。这一理论挑战了传统认知科学中的身心二元论，即认为心智独立于身体的观点。具身认知理论的核心观点包括：认知过程由身体物理属性决定；认知内容由身体提供；认知、身体和环境是一体的，三者相互作用。这一理论最初是作为一种哲学思考出现的，但现在已经发展成为实证领域的研究思潮，实验认知心理学家开始从具身的角度来研究认知。具身认知理论对教育观念也提出了挑战，特别是传统教育中忽视身体作用于学习过程的观念。它认为，认知、思维、记忆、学习、情感和态度等都是由身体作用于环境的活动塑造出来的，心智基于身体、源于身体。此外，具身认知理论还涉及概念表征的研究，认为概念表征与知觉运动系统具有共同的神经基础，概念加工的基本形式是身体经验的模拟与还原。这表明，抽象概念的理解和处理也依赖于身体的经验和运动。具身认知理论的应用不仅限于心理学和认知科学领域，它还对教学论产生了影响。基于具身认知理论的教学论强调身心统一基础上的实践与经验的互动，主张通过"在行动中反思"和"在反思中实践"来构建个体综合性知识。

总之，具身认知理论提供了一个新的视角来理解认知过程，强调身体、心智和环境之间的密切联系和相互作用。这一理论的发展和应用，为心理学、教育学以及其他相关领域提供了重要的理论支持和实践指导。

五、沉浸理论

沉浸理论最早在 1975 年由芝加哥大学心理学教授米哈里·契克森米哈伊

提出，该理论主要描述的是当人在完全投入、沉浸状态下参与某项活动时，能达到忽视周围一切事物和信息的状态，在这种状态下，人的意识完全集中在所参与的事件上，从而会自动过滤内在和外界不相关的信息，具有较高的目标性，且对环境具有控制感。根据相关研究，沉浸体验的状态主要包括注意力的集中、行为与知觉的融合、感知控制、时间感的变化、自我意识的丧失以及自身有目的的体验六个维度。沉浸理论的研究既涵盖对自身概念与属性的阐释等理论层面，还包括在社会环境中的实际应用等实践层面的发展。随着信息技术的不断发展升级，沉浸理论也被广泛应用于在线游戏、在线学习、数字经济、信息技术等各个领域，相关研究者通过构建在线环境中的沉浸体验状态模型，探索在学习、交互、探索倾向和积极的主观体验等方面沉浸体验能发挥的作用。

第二节　"境脉学习"育人路径的基本内涵

一、智慧教育

于2020年举办的世界经济论坛在"教育4.0全球框架"中重新定义了高质量学习的基本要义，提出通过新兴的信息技术手段促进教育教学内容和体验的创新变革，提升教育教学效率。早在2018年，我国教育部就颁布了《教育信息化2.0行动计划》，并在"计划"中指出要不断推进教育教学的信息化、数字化，使其成为教育系统创新变革的内生变量，成为推动智慧教育快速发展的动力支撑。在2021年，包含教育部等六部门在内的相关单位联合发布了《教育部等六部门关于推进教育新型基础设施建设构建高质量教育支撑体系的指导意见》，提出要将信息化作为建设教育新基建和促进高质量发展的主导力量。到2024年，"不断开辟教育数字化新赛道"成为2024年教育部七项重点任务之一。由此可见，在知识经济时代，教育的创新发展、高质量发展已经被置于越来越重要的地位，随着以人工智能、虚拟现实和元宇宙等为代表的先进信息技术的不断演进和优化升级，及其对社会生活、各行各业的渗透应用，教育与信息技术深度融合，实现教育教学转型升级的智慧教育时代已经全面到来。

当前，我国关于智慧教育的相关研究主要聚焦在政策发展、技术服务与实践应用三大领域。促进和加快教育数智化转型的相关国家政策是推进智慧教育发展的关键性引导力量，数智技术应用则是智慧教育发展最厚重的"底色"。人类文明发展的学习环境在不断地完成革新升级，以网络技术的兴起发展为分界线，在此之前的教育学习场景受时空限制的程度较大，通常局限于固定的现实教育场景，如中国古代的"序""庠""国子监"等学习机构场所，发展到现代，博物馆、图书馆等场所承担了一部分教育教学的社会功能，然而在具体现实场景中开展学习活动对时间和空间的要求，乃至对学习者的容纳情况，都成为影响教育教学效能的重要因素。在网络技术广泛应用于社会生活及生产实践后，社会信息化环境的发展为学习者提供了获取信息和知识更加便捷的信息化环境，促进了教育教学信息化升级。伴随着生成式人工智能技术、元宇宙等技术的快速演进和发展，教育教学逐渐从信息化、数字化向着智慧化的学习生态环境转型发展，教育和学习逐渐呈现出智慧化和智能化的趋势，且进一步向着满足学习者个性化和多元化需求、实现智能互联、无边界和高效能的"泛在"智慧学习环境发展。

智慧教育教学的根本仍然需要在实践应用层面落地，才能发挥出数智技术的效用，彰显技术服务于人和教育发展的内核价值。目前关于智慧教育教学的实践主要集中在智慧教育模式和智慧课堂的构建上，旨在发展多元化的教学模式、丰富教学手段、增加教学互动、增强学习体验、激发学生学习的主观能动性，以提升教育教学效能。智慧教育相关领域的实践应用已取得初步成效，然而在推进建设的过程中，仍然面临一些发展建设的困境。一方面，这一点体现在智慧教育新基建已经开始建设，但是对于相关技术和设备的应用却不到位，并未发挥出价值所在，呈现出重建设轻应用、为用而用的情况。这种情况出现的一个重要原因在于教育者和受教育者本身的数字素养、数字胜任力不足，无法熟练掌握各类数字化教育的应用设备，或其本身还不具备成熟的数字化思维。另一方面，则是因为智慧教育的教育教学思维有别于传统模式中的教育教学思维，其在开展教学活动的底层逻辑思维上存在较大的差距，如果在教学模式和教学设计当中未进行观念和逻辑思维的转变，那么智慧教学的相关设计与实践将会流于形式和套路，发挥不了核心价值。

基于此，在智慧教育乃至泛在智慧教育发展得如火如荼的当下，高职院校在推进智慧教育建设的过程中不能一味盲目跟风，首先需要厘清和把握智慧教育发展的底层逻辑与核心关键，做好顶层设计的统筹规划，联动和聚拢各方资源和力量进行集中建设、集成建设。在此过程中，用什么思想和理论去指导智慧教育的发展、引领发展航向，是当前各高职院校需要着重思考和研究的关键。

二、智慧教育境脉的概念模型

要深入探究数智技术在高职院校人文素质教育生态体系中的应用，就不能仅仅谈数智技术应用，而忽略数智技术对整个人文素质教育环境的嵌入、渗透乃至重塑。为了避免高职院校人文素质教育数智化转型发展出现"为应用而应用""重基建轻应用"的现象，且鉴于在数智教育环境中学习者扮演着"主体"角色，所有教育信息、数智教育技术及主体所需要的所有应用都应围绕学习主体服务，并且跟随具体情境条件动态发展，因此，将境脉理论嵌入智慧教育生态体系的建设逻辑，具有较高的适配度。本书将境脉与智慧教育、智慧学习互相嵌入并实现耦合的过程称为"智慧教育境脉"，在构建具体的智慧学习境脉育人模式前，尚需厘清该境脉环境中的重要构成要素，并分析各要素在不同情境下的特征。智慧教育究其本质仍然离不开对学习者、教育模式、教育内容与教育目标等话题的探索，只不过是通过前沿的数智技术实现了教育和学习上的方式创新。根据相关研究者对网络学习的重要构成要素的分析，本书将知识、技术和人作为智慧教育的核心构成要素，由此，智慧教育境脉相应地由知识境脉、技术境脉和社会境脉构成。本部分则重点探究知识、技术和人这三项智慧教育核心构成要素在境脉中发挥的作用。

（一）智慧教育知识境脉

数字教育资源的建设是智慧教育数字基建的重要任务之一，可将这些数字教育资源统称为"知识"。在传统的知识观中，存在数据、信息和知识三个概念的辨析，这几个概念之间存在一定的层级结构，知识通常被认为是经过人脑加工处理后的数据和信息，或被描述为一种能增强个体有效行动能力的合理信念、一种从经验和学习中习得的一种理解状态或认知事实，这一概念亦可用于教育领域中关于学生所习得知识的概念。在教育数智化转型的各类研究中，无论是教育内容资源的共建、共联、共享、开放，还是集成化建设和多元化、多样态呈现，均是在进行教育知识的组织与管理。与传统的教育知识组织管理不同的是，数智技术的介入使得知识的组织与管理得到更有力的支撑，能发挥更高的效能。究其本质，数字教育资源的建设即通过数智技术或各类数智应用，实现对教育资源的满足个性化发展和社会发展需要的高效能知识组织管理。当我们在探究智慧教育知识境脉时，其实是对知识本身、与知识相关的网络、知识组织管理过程信息等要素进行探究，这里就不得不引入管理学中关于知识管理的观点。

国内外有关知识管理内涵的相关研究多围绕知识管理流程展开，知识管理是对知识进行的管理，体现在知识管理流程中的采集、组织、转移、共享、应用和创新等环节。王广宇的著作《知识管理——冲击与改进战略研究》一书对知识管理流程的叙述较为全面，涉及知识的获取、整理、保存、更新、应用、测评、传递、分享和创新，并提出了知识管理执行流程的"PSCA"闭环模型。在"PSCA"模型中，知识管理流程被划分为知识生成管理、知识积累管理、知识交流管理和知识应用管理四个知识管理层级。基于此，智慧教育知识境脉亦可从知识的生成、积累、交流和应用四个环节进行建设。

在知识生成环节，主要考虑人文素质教育数字资源库的建设以及具有针对性、个性化和情境化的内容资源生成，这里着重分析具备个性化特征的第二类内容资源生成模式。境脉理论强调主体指向性与动态性，因此，在知识境脉中，根据学习主体的个体特征的不同，教育内容资源的生成需围绕学习主体提供服务，例如，学习主体个人的学习兴趣、知识掌握能力、知识需求等个性化呈现，直接影响着境脉当中的内容资源生成。在数智环境中，学习者在网络中活动的所有信息都被采集和记录，生成式人工智能的海量数据分析功能通过算法推荐实现了围绕学习主体特征与需求的知识服务。除具体内容外，内容资源生成的形式及其所构成的不同学习途径，亦是知识生成环节需重点建设的部分。传统的知识生产和知识传播都存在较强的逻辑性和线性特点，结构较固定和严密，然而在互联网时代开启后，信息和知识等内容的生产与传播逐渐趋向非线性化，碎片化的趋势已经越发明显。数智技术的介入可以为学习者提供更多可供选择的、多样态的教育内容资源和学习途径，借助数智技术赋能教育内容资源的建设是实现智慧教育知识境脉动态发展的关键。

在知识交流环节，学习主体在智慧教育环境中的学习行为不仅涉及人机交互、学习主体间的交流，更包含了学习主体自身新旧知识间的交互与更新、学习主体通过知识与自身所处情境之间的交流。在该流程中，学习主体通过人机交互、学习主体间的交流实现知识内容的获取、更新乃至创新，这两种交流方式是学习主体自身能明确选择和控制的行为，学习主体能清晰感知自己在进行知识交流。然而学习主体自身新旧知识与情境间的交流却通常是在无形之中或学习主体无主观意识察觉的条件下发生，这个阶段外部的新知识与学习主体内部原有认知结构中的知识开始建立联系，形成新的认知结构。通过认知结构、同化与顺应、元认知等心理机制相互作用完成知识的内化，学习主体将知识应用到具体的虚拟或实际情境中则实现了知识的外化。由此可见，知识的建构离不开各种形式与途径的知识交流。因而智慧教育知识境脉的构建不能单一地依靠对教育内容资源的采集和对学习者的知识服务提供，还需考虑促进学习者的知识交流，具体形式包括建立智能学习评价反馈体系、虚拟实践场景等教育模式，具体的方法则需要与智慧教育技术境脉联动实现。

（二）智慧教育技术境脉

在探讨技术境脉的相关问题时，进行教育数智化转型的教育者需要思考这样一个问题：在信息洪流到来的现代教育领域，人们都在谈论高等教育的数字化、智慧化，要用数智技术赋能高等教育的改革创新、高质量发展，但在进行教育的数智新基建建设的时候，技术究竟能在哪些方面对高等教育的创新发展赋能，能够有效赋能，且不会造成"喧宾夺主"的现象？教育者在运用数智技术之前，需要将数智技术的特征、其所支持的教育教学模式与策略、能够辅助学习主体通过各类媒体应用提升学习效能的路径与底层逻辑厘清，这才是实现数智技术潜藏价值首先需要解决的问题。数智技术为教育领域提供的新动能主要受其本身不断发展的强大的信息传输和共享功能、智能交互功能、分析功能与云技术等影响。例如，数智技术在教育教学中的应用是教育者和学习主体获得学习信息的重要传输渠道，能够直接影响教育教学信息的传输效率，也是教育教学实施的重要方式和创新的重要手段。因此，我们在分析其功能时需要结合高等教育的特点，从多个维度挖掘数智技术能够与教育教学模式结合创新的关键特征，如此才能找到影响智慧教育的关键因素。

挖掘智慧教育环境中的技术境脉，还需把握数智技术并非静态、孤立地为学习主体提供知识和学习服务的这一特点。联系学习主体在学习过程中知识的动态建构与发展的特点，技术境脉也需要承担辅助学习主体开展动态学习与提升能力的功能。一是生成式人工智能能够实现与学习主体的交流互动，并在此过程中完成个性化、具针对性的教育内容资源提供。二是运用数据分析功能，通过对学习主体学习过程中产生的大量学习信息进行数据分析，形成关于学习主体的学习特征和偏好的分析，以进一步针对学习主体的需求提供技术支持。三是数智技术突破了传统教学的局限，即打破时空的限制，通过增强现实、虚实融合等手段为学习主体提供沉浸式的场景化体验，增强知识信息的传递效能，使学习主体在知识建构过程中实现知识的外化。由此可见，在智慧教育技术境脉中，数智技术多维度、多元化地提供学习服务，通过不同环节、不同类型的技术支撑，环环相扣，才能实现辅助学习主体动态学习与能力提升的目标。然而，实现智慧教育技术境脉构建的一个关键条件在于信息与数据的联通共享。如果各数智技术应用模块或者平台无法实现数据流通，那么各个数智应用则会变成信息的孤岛，技术境脉环境难以构建。

（三）智慧教育社会境脉

作为学习者的个体始终是社会的个体，个人的生存离不开与其他社会人和社会情境的交互，每个人都具有社会性，并在社会化的过程中形成了自己的个性特点。不同的社会个体会面对不同的社会情境，即使面对同样的社会情境，不同的社会个体也会因其不同的心理特性而做出不同的反应。协作学习不论是在现实环境还是虚拟环境中，都是一种重要的学习方式，智慧教育环境也强调学习伙伴关系的构建，网络社会情境也是由此构建的。我们在这里所探究的网络环境中的社会境脉，其本质与虚拟社区中的用户互动有共通之处。相关理论研究表明，人类是群体性动物，当在一个或者多个群体中生活和行动时，人类将会更有安全感，到了信息时代，虚拟社区因而应运而生。关于虚拟社区用户互动的相关研究较多，在开放的网络环境中，虚拟社区的用户不同程度、不同层次的互动行为对知识的共创、共享、反馈建议等发挥着显著的正向作用。此外，虚拟社区用户的归属感、责任感越强，情感连接越密切，社区用户在社区中的活跃度就会越高，这更有利于促进良性的虚拟社区互动环境形成。

因此，为了增强学习主体对智慧教育的认同感、参与感与连接感，智慧教育社会境脉的建设很重要。当更多的学习主体参与智慧教育环境中时，他们不仅是知识的接收者、服务的享受者，他们应通过提升自我认知效能，激发他们对智慧教育环境的共享、反馈和共建，进而促进智慧教育生态体系的优化升级与良性发展。

第三节　"具身交互"育人路径的基本内涵

一、构建技术与身体共生关系

具身认知理论强调"心智或认知对身体及其感觉运动系统的依赖性",这一理论的提出在教育学领域扭转了学习过程中对身体重要性的忽视状况,让学界逐渐开始重视并探究身体的参与在知识学习过程中发挥的作用。根据认知心理学的观点,与知识学习相关的理论探讨和实践应用已经将关注点逐渐转移到了身体上,如身体所处的空间环境、由身体本身对外界感知或与外界互动所带来的知觉体验与情绪,以及技术对身体的影响等——"身体"在学习过程中所带来的影响已经变得越来越重要。在数智学习时代,与学习主体的身体连接最紧密的是数智技术,因此,在智慧教育环境中探讨数智技术对学习主体身体的影响,从而进一步产生对学习效果的影响,是更进一步革新数智教育模式的重要环节。

著名的传播学巨匠马歇尔·麦克卢汉在他的《理解媒介——论人的延伸》一书中提到,每一种媒介技术都是人类感官系统的延伸,这种延伸会在潜移默化的过程中改变人的行为和思维方式。例如,因印刷术发明,人类的思维方式受纸质出版物的影响,呈现为线性思维逻辑,但是网络媒介的兴起打破了线性思维的桎梏。麦克卢汉揭示了媒介技术对人类身体、感知、心理乃至社会结构的影响,这也为智慧教育情境中对身体与数智技术交互连接关系的重视提供了有力支撑。技术与身体之间的联结成为具身学习理论的重要脉络,涉身性、体验性和统一性是具身学习的重要特征。在智慧教育环境中,虚拟与现实相互交织,各种智能技术开启了身体主导的沉浸式学习环境。

基于此，数智技术赋能智慧教学的发展前景不再局限于人机交互，而是基于人机交互发展起来的更高级的、更深层次的"体感"交互。通过对数智教育应用设备的简化和升级，身体与技术媒介的交流互动直接被实现，学习主体的意识与思维得以被倾注到知识信息或学习行为本身，实现了"沉浸式"学习氛围的营造。同时，还应利用移动互联设备、虚拟现实、智能终端及元宇宙等智能技术的应用构建场景式的新型学习"景观"，通过视觉、知觉、身体与技术环境的互动完成学习体验和认知的增强。在这种情况下，身体与数智技术创造出来的贴合且辅助身体行为开展的"类身体"应用，共同构建成了学习行动的共生体。

二、构建深度具身的学习环境

（一）深度具身学习内涵

1976年，费伦斯·马顿和罗杰·萨尔乔两位学者在《学习的本质区别：结果和过程》一文中针对浅层学习提出了深度学习的概念。深度学习与浅层学习的区别在于学习的状态，深度学习是在"寻求意义"，而浅层学习则是针对事实的学习。根据相关研究对深度学习更清晰的界定，深度学习是指在特定情境脉络下，学习者围绕某一问题，全身心积极投入，建构知识网络，并将知识迁移至新的情境，用以解决实际问题的一种意义生成过程，同时也是培养学习者高阶思维和创新实践能力的过程。由此可见，深度学习与沉浸理论之间存在共同点，都强调学习过程中的身体"卷入"，身体对学习效果、深浅层次的影响是至关重要的，不能脱离身体的存在。

在传统的教育环境中，学习过程中的身体卷入并不明显或并未受到重视，传统观念中的学习重在认知的"卷入"，并不强调身体的"卷入"，到了移动互联网时代，身体参与、身体的感知才重新回到研究者的视野。在身体"不在场"的学习环境中，深度学习面临的具体障碍主要表现在教学观念、课程教学、技术认知的固化上。在教学观念上，离开了学习主体身体参与的传统的教学领域存在着重"教"不重"学"的现象，教学变成"知识灌输"，学生本身的体验与个性化需求被忽视，教学过程形成了以教师为"中心"开展教学活动、所有行动都由教师主导和决定的高度"中心化"的教学生态。智慧教育则加强了对身体参与的重视，尤其是通过增强现实、映射技术、虚实相融等相关技术应用构建出的数智学习环境，目的在于增强学习者的参与体验，满足个性化的学习需求，打破传统教育模式下教师全权主导的局面，实现教学的"去中心化"。在课程教学方面，缺乏身体参与的课程教学以理论传输为主，不重视学生动手与实践，教育教学趋向教条化和静态化，学习效能难以提升。当学习主体参与具体情境并动手实践时，知识的外化得到进一步增强和巩固，这同时有利于在具体情境中培养学习主体的综合素质，尤其是针对高职学生的人文素质教育，更不能脱离身体进行单一的、线性的、缺乏个性和温度的理论灌输，这不仅会消磨学习主体的学习兴趣和热情，还可能使其产生负面的抵触情绪。在技术认知方面，则要充分考虑认知、身体与技术及技术环境之间的关系，在最大程度上挖掘数智技术的潜藏价值。如果不强调身体在数智化教育过程中的"卷入"，那么数智技术将仅仅被视作高效传递知识信息、学习资源的工具，数智技术呈现的是机械化特征而非智能化特征。因此，数智环境中的深度学习要从"离身障碍"中脱困，需要高度的身体"卷入"，从多个维度的视角去思考技术对身体交互、感知、体验的增强途径。

（二）深度具身学习范式

前文对为何要构建深度具身学习环境进行了详细阐述，那么可以从哪些方面对构建深度具身学习环境的核心要素展开探究呢？本书通过对已有相关研究的梳理分析，将构建智慧教育深度具身学习范式的核心要素划分为学习主体、学习环境、学习过程、学习交互四个方面。在某一个具体的学习过程中，学习主体一定是学习行为的关键核心，学习环境、交互活动、技术提供等所有要素都围绕学习主体展开。且不能忽视的关键在于，以上所有要素都非孤立存在，而是相互联系、相互影响、相互作用与耦合的。学习环境与技术支撑作为基础要素，影响着交互活动开展的方式与途径，从而进一步影响学习主体的行为、体验与学习效能。学习环境是学习行为开展的土壤，技术提供了驱动力，学习主体如植株般扎根其间生长，一旦脱离学习环境和技术支撑，学习主体将难以发展。

1. 学习主体的体验感增强

由于虚实相生的智慧教育环境内的学习强调的是学习主体高互动性，无论是人机智能交互还是人机交互，都是获得深度具身学习体验的重要途径。其中，人机智能交互对于生成式的人工智能的技术要求较高，同时需要在前期设计当中融入对学习者特征采集和分析的前置条件，以根据学习主体特征进行更具个性化的服务提供的针对性设计。学习主体的特征分析主要考虑从学习主体本身的学习认知能力、已有的知识基础、学习偏向、发展倾向、在具体学习情境中展现的行为特征等方面进行。智能技术应用对学习主体的个人学习特征掌握得越全面、越深入，那么针对学习主体提供的学习服务与学习主体自身需求的贴合度则越高，沉浸感与深度学习程度越高，体验感和满意度也越高。

2. 学习环境的沉浸感增强

提高教育效能和学习效能的重要途径是创造促进有效学习发生的学习情境，其中深度学习环境的营造是促进有效学习发生的重要方式，即构建沉浸式的虚实融合学习情境。构建的沉浸式的虚拟情境的优势之一在于打破时空限制，为学习主体提供身体"卷入"的感知体验。随着教育理念的转型发展，传统教育环境虽然也在积极倡导除了教室以外的"第二课堂"教学，增强学习主体的动手实践能力，但是由于教学环境场地、时间的限制，其也对教学活动的开展在无形之中设置了许多限制条件。而虚拟学习环境可以通过映射技术模拟现实空间，学习主体在虚拟空间中的学习可以实现对时空条件限制的突破，无论是什么地域的学习主体均可平等享受学习资源，随时随地开展学习。优势之二在于虚拟学习情境能提供多样化学习体验、促进经验积累。虚拟学习情境不仅可以提供在现实环境中观察学习和实践学习的条件环境，还可以通过全息投影、虚拟实践、虚拟课程等方式进行学习补充，提供在现实环境中难以直接观察或者难以直观呈现的内容。优势之三在于现实环境中身体"卷入"的学习是"稍纵即逝"的，数字环境中的信息却可以随时储存，实现云端共享，所有拟真的学习体验都可以被存储和重现，让学习主体有重复多次"刷经验"的学习经验积累和巩固的可选择性。在这些可重复、可再现的学习经验积累中，学习主体通过不断的重复学习、重复体验，提升了自身归纳、演绎、反思和抽象概括的能力，进而促进了抽象—具体—抽象的学习过程、内化—重新建构—外化—内化的知识经验过程。

3. 交互的具身性强化

高度的具身性是深度具身学习模式最鲜明的特征，强调的是学习主体所有学习行为的发生都要根植于情境，并且要通过与内外界的交互驱动教与学的交融、感知体验的累积，尤其是在数智技术支撑的教学环境当中，如果人机交互的具身性不够强，数智技术则会沦为信息传输的工具，无法发挥更大的效用。交互的具身性增强需要重点考虑两个方面：一是要求学习环境中各要素、各应用之间紧密联系与耦合。提供的各项服务之间能够流畅、无障碍地链接，实现学习主体与技术环境的交融共生，使得学习主体在学习过程中感觉不到技术的痕迹，进入"心流"状态的深度学习情境。二是要求高度调动学习主体的身体"卷入"程度。通过数智技术的巧妙设计，充分调动肢体、视觉、听觉、情绪以及认知对具体情境的参与和互动，以达到"身心一体"的目的。

4.学习过程的动态发展

传统的教学设计通常会强调"课前准备"，预先设定好每一次教学过程的内容、方法、目标乃至进度，教学活动处在较为缜密的把控中。然而在深度具身学习环境中，具身学习允许教学计划根据具体情境发展而进行更改的"容错"情况发生。也即，学习过程除了以线性方式开展之外，亦强调非线性的、动态生成的开展方式。学习主体在与学习环境、学习资源、数智技术交互甚至是自身认知建构的过程中，总是相互影响的。因此，随着学习环境的不断变化、新的认知与意义的不断生成和建构、经验的不断积累，学习主体的认知也在不断发展，教学计划就需要根据具体情境进行动态调整。

（三）深度具身学习典型应用

明确了深度具身学习情境的核心构成要素，本书将结合具体的智慧教育学习环境以及具体的数智技术条件，阐述数智技术支撑下深度具身学习的典型应用及其场景。

一是借助智能感知技术支撑的深度具身学习应用。要实现教育主体和学习主体在智慧教育环境中的"心流状态""沉浸状态"，数智应用对教育和学习主体的教与学状态与需求的实时掌握十分重要。当前，各类智能感知技术和设备已经逐渐被投入智慧教室的应用当中，借助高清摄像头、无线传感技术以及生成式人工智能等技术的系统协作应用，即可对教学情境中采集到的身体姿态、语言信息等数据信息进行处理，从而动态提供实时生成的教与学的智能服务。

　　二是借助触觉仿真技术。在具身学习理论中，身体的"卷入"离不开身体的触觉，身体的触觉是个体与外界环境实现交流互动、获得感知体验最原始也最直接的感知系统，能够使个体产生更加印象深刻的具身体验。在知觉现象学中，触觉被认为是具身性的一个关键特征，其在身体构造和认知过程中具有某种本体论的优先性，即身体在触觉中"成为身体"。触觉仿真技术在融入虚拟仿真学习情境后，现实具体的数智设备与虚拟环境联结互通，学习主体通过与现实设备的交互式操作实现对学习内容的感知与交互，从而增强体验。

　　三是借助混合现实技术。在虚拟现实技术和增强现实技术的发展基础上，融合这两类数智技术的优势发展起来的混合现实技术，可以实现虚拟场景和真实场景的同步交互，因此，混合现实技术在沉浸感、具身性等方面能够带来更强的交互感知体验。

第四节　构建"双重沉浸"的泛在智慧育人模式

　　针对高职院校人文素质教育数智化发展育人模式的构建，在经过科学合理的理论支撑、技术支撑分析后，仍需将模式构建的视角与出发点回归至对高职院校人文素质教育发展现状、数智化转型现状的分析基础上，真正关切当前高职院校人文素质教育数智化发展过程中切实存在的难点、痛点、滞障与困境，回应本书最初提出的需要解决以及能够解决的问题，提出具体的落实策略方案。

　　在理论基础部分，本书对境脉理论、具身认知理论和建构主义学习迁移观等理论进行了充分的阐述分析，以期从中找到能够符合高职院校人文素质教育数智化转型顶层设计、底层逻辑以及统筹规划建设等并能达到高度契合的观照点，更加科学地指导高职院校人文素质教育数智化建设有序、有组织、有系统、有联动、有针对、有规划地进行。该部分展现了鲜明的现代智慧教育特征，主要体现在：教学活动打破了时空限制，能够随时随地开展；教学过程是交互式和动态适应性的；满足学习主体个性化的学习发展需求。当以境脉理论和具身认知理论为代表的理论的实际应用得到落实或环境条件得到满足，并在数字教育中充分应用时，我们在高职院校人文素质教育数智化转型过程中构建的便是一个具备"双重沉浸"特征的泛在智慧育人模式，其中"泛在"强调的就是让学习行为随时随地发生，无所不在、无孔不入。

前文已经充分论述了为何要通过数智技术赋能高等教育的发展，其优势主要体现在哪些方面，又能够解决当前高等教育发展存在的哪些难题。本部分将根据当前高职院校人文素质教育转型发展的实际需要，以境脉理论和具身认知等理论为指导，重点探讨契合人文素质教育数智化发展的"双重沉浸"泛在智慧育人模式。

一、建立人文素质教育数智生态系统

在前文分析高等教育数智化转型所面临的困境时，提到"信息孤岛"是当前智慧教育建设发展亟需解决的一个问题。要实现高职院校人文素质教育的共建、共联、共享和开放的价值追求目标，首先需要将各类数智应用、数智技术和数据信息之间的通道打通连接起来，使得彼此之间不再是相互孤立的个体，而是能够彼此嵌合、发挥"1+1＞2"价值潜能的动态发展的生态系统。要构建这样的有机生态系统，其关键点就在于要精准地把握利用数智技术服务人文素质教育高效能发展的指导理念，并且以智能技术为现实支撑基础，如运用物联网技术、大数据分析技术、增强现实与虚拟现实技术、生成式人工智能技术，打造出围绕学习主体学习需求服务的智能化教育情境。

（一）数智生态系统的服务对象

我们在谈及智慧教育的主体时，通常提到的是以学习者为主体、以学习主体为中心展开各类智慧学习服务。毋庸置疑，学习主体在当代的教育环境中的中心地位较为突出，教育的本质即是服务人才培养。然而，教学活动中的教师仍然是教育这个"场域"中的主体之一，亦是人文素质教育活动开展的主体，是教书育人的核心力量。即便是在移动互联时代，高职院校的学生可以在数智环境中主动或被动地获取到尽可能多的人文素质教育信息内容，但数智技术和应用对于学生的教学来说总是难以达到与教师教学相同的效果。在同样的教育教学过程中，教师与智能技术向学生传授知识的主要目标和主要内容能够达到基本一致，然而，在与学生交互时，即便人工智能交互性足够强，但对于人的心理交流与情感、情绪的流动，人工智能是难以模拟或者达到理想效果的。高职教师的言传身教对人文素质教育教学活动的开展起到的是"润物细无声"的作用，无形中增强了对学生人文精神的润育。因而，本书在探讨高职院校人文素质教育数智生态系统的服务主体对象时，第一服务主体对象是高职学生，第二服务主体对象是与学生高度关联的教师，第三服务主体对象是教育管理者。

1. 以学生为服务对象

高职院校的人文素质教育虽然强调的是学生人文素养的全面发展，但是在具体教学过程当中也需要考虑学生的专业和职业发展规划与需求，对其进行有一定倾斜度的素质培养，体现出个性化的培养模式特征，将学生打造为其专业技术领域内高水平、高质量、高职业素养的技术技能人才。除此之外，学生的个性化培养还体现在其自身学习兴趣的偏向上，在人文素质培养过程中也需充分考虑到学生的该项需求。基于此，数智技术在赋能高职学生人文素质育成的过程中，在系统设计方向上首先需要考虑被称为"数字土著"的学生的数智应用思维、数智交互行为习惯、数智环境适应性等内容，建设契合度更高的数智应用，满足学生的人文素质教育需求。同时，还需要充分纳入考量的是如何在深度"包围"的数智环境中正确地为学生树立文化与社会价值导向。人文素质教育本质上是一种文化和价值导向的教育，高职学生的人文素质教育应当将工匠精神、劳模精神等价值观融入智慧教育的数智化资源建设，谨慎把握技术在实践应用中的尺度。

2. 以教师为服务对象

在智慧教育环境中，数智技术高度参与教学活动的各个环节，然而教学活动的核心与主导依然是教师与学生。因此，高职院校的人文素质教育数智应用及各类服务，除了围绕学生的学习需求、个性化发展进行建设，还应充分考虑如何更高效能地服务教师开展教学活动，构建虚拟教学与现实教学、正式教学与非正式教学等不同形式、不同样态以及不同维度且无缝衔接的混合式学习情境。在这个过程中，如果围绕学生展开的数智技术服务重在挖掘学生的人文素质教育学习倾向与学习特征，以满足学生的个性化发展需要，那么针对教师服务，数智技术应用则应从教学活动开展的整个体系来考虑。需要注意的是，应借助生成式人工智能、虚拟现实、智能感知等数智化手段将人文素质教育资源、课程体系、学习情境以及师生在虚拟或现实空间中的实践活动延展到一个更加宽广的系统环境中，根据教师与学生的实时互动状态，从中分析并实时跟进生成新的、动态的、能够适应师生当下学习情境的学习资源和学习途径。要实现这样的教学目的，对技术的数据分析功能、生成式人工智能的技术提供都将提出更高的要求。

3. 以教育管理者为服务对象

要实现人文素质教育数智生态系统的建立，不能忽视教育管理者在生态系统中的建设发展、统筹规划与方向把控的作用。教师与学生是整个生态系统的使用者和被服务对象，而教育管理者在整个生态系统中却具备多重身份定位。首先，教育管理者是数智生态系统的被服务对象，该生态系统也需开辟教育教学管理服务的应用模块。其次，教育管理者对内需要宏观把控整个人文素质教育数智生态系统的运行发展，切实把握各个教育教学关键节点，洞察师生在数智化情境下的教学活动开展情况、学生应用数智技术的学习进程、各类评价反馈内容，以及时把控整个系统的发展状态，实现系统的良性运转。对外，人文素质教育数智生态系统也需跨界共建生态共同体，通过共建共享构筑具有更强大动能的数智价值网络，这需要教育管理者的统筹把控。开放共享是移动互联网时代的鲜明特征与优势所在，人文素质教育数智生态系统绝非仅靠单独几所学校便能实现建设目标。无论是从人文素质教育的学校自身管理和发展需求出发，还是从服务教育产业革新升级、优化人才培养模式的角度考虑，建设该生态系统共同体都需要政府、企业、学校和学生加强沟通与协作。

（二）数智生态系统的建设方向

根据在教育教学活动中可能涉及的情境，本部分主要从五个领域来探究高职院校人文素质教育数智生态系统的服务手段。

一是"数字底座"。数字底座包括数据云、移动网络技术、应用端口、人工智能等内容，这是人文素质教育数智化转型的基础设施和必备条件，需要得到优先建设和保障。通过构建以连接、计算、存储、数据和智能化为核心的数字应用系统，为人文素质教育提供数智化的基础设施。

二是新老系统的融合互联。数智生态系统的建设并非无源之水、无本之木，需要在原有的资源基础上进行重新开发利用。陈旧的教育系统、教育信息和教育资源应该通过何种方式与新建的生态系统进行全面的贯通，实现开放链接、数据共享等，这是学校在开展数智化新基建建设过程中普遍提出的问题，需要纳入学校的数智化发展顶层设计考量范畴。

三是智慧环境的升级优化。数智化发展不能仅仅依靠虚拟情境，现实情境与虚拟情境混合发展能发挥更高的效能。例如，智慧教室、实训室、实验室和其他教学多功能空间，都是智慧教育的开展的重要现实依托。如果实现了能够与人文素质教育教学和实践环节高度适配的智慧教学情境，物理教学空间与虚拟教学空间交互作用、互为依托的新型智慧基础设施建设，那么整个人文素质教育智慧环境将存在更多的教育教学价值点可以挖掘。

四是自身生态体系的管理与服务数智化。管理与服务离不开数智"资源"和"数据"的支撑和驱动，因此，数智应用系统的资源库与数据库极为重要，这是构建全校人文素质教育数智应用大脑，开发各类教育教学场景、服务场景和管理场景的基础，如智慧助教、智慧教室等虚拟学习陪伴的应用都离不开数据和资源。

五是具备人文精神涵养的技术技能人才培养。如何将数智技术科学合理地"渗透"到教学活动的各个环节，包括人才培养方案的数智化建设与规划、课程建设、评价改革的数智化操作等。但这里需要注意的一点是，数智化建设不仅仅是数字化的内容呈现，而是恰如其分地应用各类技术，推动人文素质教育的课程知识体系教育链路的重构，优化教育教学的资源供给模式，实现学生个性化的学习场景服务提供，打破时空边界，构建开放融合的人文素质教育体系。

（三）数智生态系统的服务特征

前文探究分析了高职院校人文素质教育数智生态系统的主体对象以及转型建设所涉及的教学领域，本部分将重点分析这个数字生态系统应该呈现出怎样的特性、在实际的教育教学应用中能够达到怎样的效果。一是学习更加泛在化。为人文素质教育学习提供最大化的学习自主性，使学习能够无处不在、随时随地可以进行，这也为教师和教育管理者提供了更加灵活便捷的教学和管理的方式方法。人文素质教育不再拘泥于特定的教学环境、特定的教学课程和应用，而是通过数智技术搭建起学习情境，可以随时随地进行访问。二是学习更加情境化。在人文素质教育数智生态系统中，营造现实世界和虚拟世界交叉融合、联通共建的学习环境，利用增强现实、虚拟现实等手段促进虚实融合，是构建情景化的数智生态系统最重要的形式。其中虚拟现实、增强现实和混合现实等运用了全息设备的技术手段在用于构建混合环境时，占据着重要地位，并且能够为人文素质教育带来更加沉浸式的、情境化的学习体验。三是要强调学习情境的交互性。重构学习情境与学习模式已经成为高等教育领域运用数智技术最重要的趋势之一，利用信息技术与人文素质教育各类情境深度融合，促进教育模式的升级，实现学习情境的高度交互特性。四是数智生态系统的安全性。系统的高度交互性和个性化服务所提供的基础是针对服务对象的大量学习特征的数据信息及其他信息的采集，因此该系统在实现数据共享的过程中，其安全性、隐私性和可靠性是服务对象及教育管理者高度关注的问题。

二、融入"境脉"且具有"具身"特征的育人模式

基于前文的分析内容，针对高职院校学生人文素质教育的数智化转型构建起来的育人模式，具体体现在高职院校人文素质教育转型升级的三个维度：高职学生的人文素养培育学习、教与学的评价反馈机制以及在虚拟化学习社区中的学习陪伴模式。这三个维度主要以境脉理论和具身理论为核心构建与设计理念，融入整个人文素质教育的教育教学模式，使人文素质教育的数智化转型教育同时具备境脉学习与具身交互的双重沉浸性，以提升学生学习效

率、学习兴趣，激发教师拓展更多教育创新的潜能，以及提升教育管理者的教育管理效能。

（一）沉浸式学习方式

1. 多元样态的教育手段交互呈现

数字化的教育资源是高职院校人文素质教育向数智化转型的核心要素。早期的人文素质教育数字资源虽然也是信息化时代的产物，但是如多媒体课件和其他教学软件的教育服务本质上仍然具备静态教学服务特征。随着人工智能时代的到来，人文素质教育数字资源逐渐发展为具备开放性和沉浸式特征的资源服务。要构建多样态的人文素质教育资源和服务提供手段，首先需要调查和分析高职学生的学习特点，充分利用当前发展迅速的映射技术、人工智能技术和交互技术等科技手段，结合碎片化、多样化、场景化和沉浸式的不同信息传播形式，增强高职学生在人文素质育成过程中的注意力、具象记忆和兴趣，以提升教育的信息效能。并且，还要基于职业教育实践能力提升的人才培养需要，通过人机交互、场景交融的教学手段，增强学生的知觉体验与动手能力。此外，还需要考虑解决高职学生开展人文素质教育学习时资源检索困难、依赖人工查找的问题，对各类单模态的人文素质教育资源进行资源整合，使得不同模态的资源有效共融，开发多样态的教学手段。

2. 即时交互的学习资源智能生成

即时交互和动态适应是境脉学习情境构建中最重要的特征之一，具体应用到高职学生的人文素质教育数智环境中，则体现为根据高职学生的专业特征、职业发展需要以及学生在具体的人文素质教育学习情境中的行为和学习特征进行针对性和差异化的分析，为学生提供个性化的学习方案。一方面，针对学生在具体情境中的学习情况，实时生成更加符合学生当前所处学习情境、学习状态以及知识掌握能力的人文素质教育资源；另一方面，通过对学生大量学习信息数据的采集和数据分析，掌握学生学习特征，以便在后续的学习情境中通过算法推荐为学生提供更适合自身人文素养发展的学习资源、学习路径。这种即时交互的学习资源的智能生成方式，本质其实就是通过智能技术来优化职业教育的数字资源服务供给结构。在技术的支撑下，人文素质教育资源的供给模式围绕学生进行个性化定制推荐，相较于传统的资源供给模式更加灵活高效。

3.高度沉浸的混合现实情境提供

将混合现实技术应用到高职学生的人文素质教育情境中，契合高职院校人才培养过程中对学生动手实践能力、实际应用能力和解决问题能力的培养需求，为培养具有工匠精神、劳模精神的技术技能人才提供了更具创新性、学习边界更加宽广的教育教学模式。在混合现实世界中，既可以通过相应设备和技术将虚拟的环境或者对象融合到现实的物理空间中，也可以将真实的物理实体融入技术营造的虚拟空间中，使得虚拟世界和现实世界之间的壁垒在一定程度上被打破。当通过混合现实技术将真实的物理世界与虚拟世界融合为一个新的可视、可听、可感和可知的形象化环境，使得环境中的物理对象和虚拟对象交互和有机融合时，教师和学生在教学过程中体验到的是高强度、沉浸式的交互体验和视觉感受，能够增强学习体验的趣味性和交互性。这种技术在教育情境中呈现出的沉浸感和虚实融合等特性，能够让学生更加快速地进入人文素质教育情境的学习状态，促进知识的内化。除此之外，混合现实情境具有较强的模拟性，针对专业技能的培训有着得天独厚的优势。例如，英国相关研究者结合建筑培训行业发展的需求，设计了一个混合现实的建筑培训模拟系统，能够让接受培训的人置身于模拟的建筑环境中，且支持受训者通过相应的实际物理工具开展模拟操作，对加快专业技能的培训起到十分显著的作用。在高职院校人文素质教育的培养路径中，同样可以通过真实情境的模拟，让高职学生在具体的实践情境中去培育人文素养。

（二）智能化评价机制

教学成效的科学测量一直是教育管理者及相关研究者关注的热点。在互联网时代到来之前，衡量学生学习成效的指标较为单一，教育的实际呈现难以从多维度、多层次进行深度、全面的反馈。尤其是人文素质教育，其育人成效更加难以通过量化的形式进行呈现，因此，人文素质教育的发展一直处在瓶颈阶段。当数字手段开始介入教育领域的发展，教育数据信息的存储与运算变得更加容易，智能技术的出现使得育人成效评价反馈机制有了更大的创新空间。

一是要对高职院校人文素质教育成效展开科学评价，这离不开科学合理的高职学生人文素质教育要素体系和评价体系的建立。本书结合高职学生的学习特点、专业特性、未来的职业特征以及职业发展需要，将高职学生的道德素养、法律素养、文化素养、身心素养、科学素养、审美素养、劳动素养、信息素养和创新素养等九项人文素养列入培育的要素体系，同时将其作为评价体系的核心观测指标支撑，以此结合高职学生的人文素质教育人才培养方案，建立可赋值、可量化的评价指标体系。具体的评价内容主要包含学生人文素质教育课程学习成绩和具体表现、社会实践、科技创新、社团活动、心理健康等多个层次。

二是除能够通过具体的数据进行量化执行的评价体系，还需纳入多元主体参与的人文素质教育评价方式。人文素养有别于专业技能素养之处在于，人文素养在具体的社会情境中、在人与人的交往过程中会有更加鲜明的综合表现。因此，本书的评价机制会将量化的考评机制与社会情境中"他人"眼中的人文素养评价反馈相结合进行分析，以求达到更加全面的深度教学成效评价。这里的"他人"主要包含辅导员、任课教师、专业实践导师、同学、家人、自身等多元主体，评价主要以高职学生人文素质教育的要素体系和评价体系指标为评价方向与内容。

多元主体的评价方式主要采用定性、定量、定性与定量相结合的方法实现。人文素质教育评价体系的考评结果主要是定量数据的呈现，而多元主体的评价既要结合问卷数据的定量分析结果，也要结合其他主体对考评对象描述性语言评价的定性分析结果，使得定性与定量分析评价内容可以互为补充。而且值得注意的是，定量分析的结果过于强调可量化的数据以及现象表征，因此有时候会导致分析结果仅是简单的数据呈现，而缺乏对现象背后原因的深入分析。而定性的方法能够从与学生密切接触的"他人"视角提供对该学生人文素养的观察、理解和判断分析内容，从而能够更加深入地解释学生的人文素质教育成效。

三是人文素质教育数智系统充分采集评价体系、多元主体针对学生个体的评价内容，同时深度结合学生学习情况的信息数据，在这三个维度的基础之上围绕学生的人文素养育成情况进行智能分析与决策。这有利于针对每个学生个体刻画出学生人文素质发展的个体画像，进行分析，并提供给学生个人人文素养"成长报告"，还可以通过生成式人工智能等数智技术给出学生个性化的学习优化策略和途径分析，相应地提供针对性和阶段性的学习资源和学习服务。对于教师而言，他们能够精准掌握每个学生的人文素养育成情况，了解其可以往什么优势方向倾斜发展，其劣势和不足之处又体现在何处，基于结合数智系统的智能分析结果，进行科学合理的人为"干预"。对于学生个人而言，他们能通过数智系统实时了解自身的学习进度与知识掌握情况，对个人的人文素养发展有更加清晰的自我认知，以便及时地进行自我调整与学习策略优化。在此过程中，这个模式充分体现了境脉学习动态适应的特征与具身理论中较强的交互特征。

（三）虚拟化社区陪伴

前文所述的所有创新教学模式的构建，能够有效发挥其最大价值的前提条件在于教师和学生对人文素质教育数智系统的熟练掌握与运用，这要求教师与学生投入更多的时间和精力与数智系统建立有效的"联系"，基于认同而使用，而不是为了使用而使用。前文提到信息时代造就了虚拟社区环境，在虚拟社区中的用户活跃度越高、用户间的互动性越强，用户与虚拟社区的情感连接则越紧密，对社区的归属感和责任感也越强，甚至在虚拟社区中还能促成知识创新。基于此，本书认为在人文素质教育数智生态体系中，设计虚拟社区以加强学生与数智应用系统的连接具有一定的必要性，这不仅能够强化学生对数智系统的黏性，还能够在数智系统的教育内容资源、方式上实现多元主体的共享、共建，这亦可以增强教育教学环境的沉浸感与交互性。该虚拟社区可以考虑根据学生所处的不同社会情境关系进行不同类型的社区关系建设，具体可以从以下两个方面进行：

一是学生与"AI教师"间的连接关系建立。智能助教是生成式人工智能在智慧教育场景中的重要应用方式之一。教师自身的知识储备和工作精力都是有限的，"点对面"的教育模式较难满足学生的精确学习需求，因此，AI教师应运而生。AI教师比之于人拥有更强的信息储存能力和海量知识库，在知识信息的传递手段上也更加丰富多样，最重要的是AI教师能够随时随地陪伴学生学习，为学生解疑答惑，能够较好地解决教师"不在场"的问题，进行"点对点"服务。而加强学生与AI教师之间的连接关系的方式除了高效能提供学习服务，以提高学生的信任程度，还可以考虑对AI教师进行更加人性化的设计，增强互动的趣味性，从而加深学生与AI教师的情感连接。

二是学生与学生间的连接关系建立。在虚拟社区相关的研究中，具备共同目的和相似"处境"的用户通常更能产生情感上的连接需求。这种需求最初主要是基于一种情感上的共鸣，随着用户之间的交流深入、用户在虚拟社区中的活跃度提高，就会逐渐开始转向更深层次的需求。就本质而言，本书要构建的人文素质教育虚拟社区属于一种典型的虚拟知识社区，除包括对学习资源本身的相关需求外，还包括社区体验、获得感、交互性、自我价值等情感需求，以及社会认同、交流行为、合作关系、共享意愿等社交需求，这些都是促进虚拟知识社区的知识进一步交互、价值共创和可持续发展的用户需求要素。

第四章

数智赋能高职学生人文素质教育"三环交互"体系的创新与实践

第一节　建立高职学生人文素质教育要素体系

构建高职学生人文素质教育要素体系，旨在全面提升学生的文化素养、道德情操、审美情趣、批判性思维和全球视野，以培养全面发展、具备深厚人文底蕴的高素质技术技能人才。高职学生人文素质教育要素体系的构建，需要学校、教师、学生和社会各界共同努力，通过课程设置、教学方法创新、师资队伍建设、校园文化建设等多方面工作，将人文素质教育融入职业教育的全过程，为学生提供全面、均衡、高质量的教育体验。以下是构建该体系时可考虑的几个关键要素。

一、高职学生道德素养教育

高职学生道德素养教育是职业教育体系中不可或缺的一部分，它旨在培养学生的良好品德、职业道德和社会责任感，为社会输送不仅具备专业技能，更具有高尚道德情操的高素质人才。以下是从不同角度探讨高职学生道德素养教育的几个关键点。

（一）教育目标与内容

以社会主义核心价值观为指导，将社会主义核心价值观融入课程内容，如历史课讲解中国传统文化中的诚信理念，社会课讨论民主、法治的价值以及公民责任等。组织学生参与社区服务、志愿服务、实习实训等活动，让他们在实践中体验敬业精神、诚信原则、务实态度和为民服务的重要性。通过讲述先进人物的故事，比如科学家、教师、医生、工人中的杰出代表，展示他们如何在各自的领域中践行社会主义核心价值观，成为学生的学习榜样。建立全面的评价机制，不仅要评估学生的学术成绩，也要考量他们在团队合作、社会实践、道德品行等方面的表现，激励学生全面发展。营造积极向上的校园文化，鼓励学生之间的互助友爱，举办各类竞赛、讲座、文化节等活动，强化社会主义核心价值观的影响力。通过这些措施，强调"富强、民主、文明、和谐，自由、平等、公正、法治，爱国、敬业、诚信、友善"的基本准则，着重培养学生的敬业精神、诚信原则、务实态度和为民服务的理念，使学生在专业实践中能够遵守行业规范，具备良好的职业操守。

（二）教育方法与途径

一方面，采用案例教学。通过分析真实的职场案例，帮助学生理解道德决策在实际工作环境中的重要性。讨论案例中涉及的道德困境能引导学生进行批判性思考，提升他们对道德问题的敏感度和判断能力。案例可以涵盖各种情境，如商业诚信、客户关系管理、团队合作、领导力等，以覆盖广泛的职业道德领域。另一方面，强化实践教学。组织学生参加志愿服务，让他们在服务社区的过程中学习同情心和社会责任感。安排社会实践项目，使学生能够解决现实世界的问题，从而认识到个人行为的社会影响。提供企业实习机会，让学生在真实的工作环境中应用和实践道德原则，同时了解行业规范和职业道德标准。最后，加强校园文化建设。建立积极健康的校园文化，鼓励学生积极参与与道德相关的活动，如讲座、研讨会、辩论赛或写作比赛等。这些活动不仅能够传播正面的价值观，还能让学生有机会表达自己的观点，相互学习，共同成长。校园内的日常行为规范也应该体现高标准的道德要求，成为学生学习和模仿的范本。

（三）教育评价与反馈

构建多元化评价体系并结合定期反馈与指导，是确保学生全面发展，特别是在道德素养方面成长的有效策略。一是构建多元化评价体系。确保评价不仅仅局限于学术成绩或专业技能，而是扩展到个人品德、团队协作、社会责任等多个维度。鼓励学生在不同领域均衡发展，培养综合素质。在实施的过程中，设计情景模拟或问答测试，考查学生在面临道德抉择时的行为倾向。注重团队合作表现，观察学生在团队中的沟通能力、领导力以及是否尊重他人意见。评估学生参与社区服务、环保行动或其他公益活动的积极性和贡献度。二是定期反馈与指导。通过定期反馈，学生能意识到自己的强项和待改进之处，持续促进自我提升。根据每个学生的具体情况提供个性化的指导和建议，帮助他们克服道德认知上的盲点。在实施的过程中，在每学期或每学年结束时，提供一份详细的道德素养评估报告，总结学生的表现并指出需要关注的领域。对于表现出色的学生，给予正面肯定，增强其自信；对于需要改进的学生，提供具体的指导，帮助他们改正错误。同时，创建一个开放的沟通渠道，让学生能够自由地表达自己的想法和感受，同时也让教师能够及时了解学生的需求和困惑。

（四）师资队伍建设

加强教师的职业道德教育确实是提升学生道德素质的关键一环。教师不仅是知识的传递者，更是学生行为的榜样，他们的言行举止对学生有着深远的影响。因此，要定期组织教师参加道德教育理论的进修课程，更新他们在道德教育领域的知识；通过分析道德教育的成功案例和挑战，提高教师解决实际问题的能力；安排教师参观道德教育开展得好的学校，学习他人的经验和做法；倡导教师持续学习，保持对新知识和教育趋势的敏感度；对在道德教育方面表现突出的教师给予表彰，激发全体教师的积极性。通过这些措施，教师不仅能提升自己在道德教育领域的专业能力，还能更好地引导和培养学生形成正确的道德观念，为社会培养出有责任感、有良知的新一代。

（五）技术辅助教育

利用互联网和移动应用等现代技术手段，可以极大地丰富道德教育资源，提升教育的效率和效果。开发包含视频、动画、互动游戏在内的多媒体教材，使道德教育更加生动有趣，吸引学生的注意力。设计在线课程系列，覆盖道德哲学、伦理学、案例研究等多方面内容，方便学生自主学习。利用虚拟现实技术，创建模拟的道德决策场景，让学生在安全的环境中实践道德判断和决策。

综上所述，高职学生道德素养教育是一个系统工程，需要学校、家庭、社会以及学生本人的共同努力。通过综合运用上述教育策略，可以有效地提升学生的道德认知、情感和行为表现，为社会培养出既具备专业技能又拥有高尚道德情操的高素质人才。在快速变化的社会环境中，道德素养教育的重要性越发凸显，它不仅是个人成长的基石，也是构建和谐社会的关键。

二、高职学生法律素养教育

高职学生法律素养教育是人文素质教育的重要组成部分，旨在培养学生的法治观念、法律知识、法律意识以及运用法律维护自身权益和履行社会职责的能力。这一教育过程应覆盖多个层面，确保学生不仅了解法律的基本框架，而且能够在日常生活中合法合规地行事，成为负责任的社会成员。

一是强化法律基础知识教育。深入讲解宪法原则，理解公民的基本权利与义务以及国家的制度架构。介绍合同法、物权法、婚姻家庭法等内容，使学生了解个人财产保护、合同签订、家庭关系等法律规范。了解犯罪的概念、刑事责任、常见犯罪类型及其后果，培养对法律底线的敬畏心理。教授劳动法、劳动合同法，为未来就业打下法律基础，理解劳动者权益保护。普及专利、版权、商标等知识，提高对创新成果的保护意识。二是培养法律意识与法治观念。强调遵守法律法规是每个公民的责任，引导学生树立正确的法律观。理解法律面前人人平等的原则，认识到法律是实现社会公平正义的重要手段。介绍司法程序、行政程序，了解如何通过正当途径解决法律纠纷。三是强化法律实践与案例分析。通过模拟法庭活动，让学生扮演不同角色，亲身体验法律程序，加深对法律实践的理解。分析具体案例，探讨法律条文的应用，培养法律思维和问题解决能力。组织法律咨询活动，邀请律师或法律专家解答学生的法律疑问，提供实际的法律服务。四是培养法律素养。针对不同专业领域，讲解相关行业法律法规，如建筑行业的安全法规、IT行业的数据保护法规等。教授如何识别和预防职业中的法律风险，如合同欺诈、知识产权侵权等。将法律教育融入通识教育课程，确保法律知识覆盖所有学生。采用案例教学、角色扮演、在线课程等多种教学方法，提高学习效果。与企业、律师事务所合作，开展实习实训，让学生在实践中学习法律知识。举办法律讲座、辩论赛、知识竞赛等活动，营造浓厚的法治氛围。

通过系统而全面的法律素养教育，高职学生不仅能获得必要的法律知识，还能培养出良好的法律意识和法治观念，为其未来的职业生涯和社会生活奠定坚实的法律基础。

三、高职学生文化素养教育

高职学生文化素养教育的目标是培养学生深厚的文化底蕴、广泛的兴趣爱好、敏锐的艺术感知力以及批判性思维能力，使其成为具有人文关怀、社会责任感和全球视野的高素质技术技能人才。

通讨诗词、书法、国画、历史、哲学等课程，计学生深入了解中华文化的精髓，增强民族自豪感和义化自信。介绍世界各地的义化遗产、艺术成就、宗教信仰和社会习俗，培养学生的全球视野和跨文化交流能力。开设音乐欣赏、舞蹈表演等课程，培养学生的艺术感知力和审美情趣。强化视觉艺术实践，包括绘画、雕塑、摄影、设计等，通过实践课程和艺术展览，提高学生的艺术创作能力和鉴赏水平。通过剧本分析、戏剧表演、电影制作等课程，让学生了解戏剧与影视艺术的魅力，激发创造力。精选古今中外经典文学作品，引导学生深入阅读与思考，同时教授写作技巧，提升语言表达能力。通过实践活动，包括演讲、辩论、朗诵等，锻炼学生的口头表达能力和沟通能力。通过对历史事件和地理环境的学习，让学生理解人类社会的发展脉络和地区多样性。探讨生命意义、道德原则、社会公正等哲学问题，培养学生的批判性思维和道德判断力。了解个体行为与社会结构的关系，增强自我认知和社会适应能力。通过STEAM教育，让学生在科学、技术、工程、数学的学习中融入艺术元素，培养创新能力和审美观。利用数字媒体、虚拟现实等现代技术，创新文化传播方式，让学生在体验中学习文化知识。组织学生参观博物馆、历史遗迹、艺术展览，体验不同地域的文化风情。鼓励学生参与社区服务，与拥有个同文化背景的人交流，增强社会责任感和提高文化敏感度。教授学生如何利用图书馆、网络资源进行自主学习，培养终身学习的习惯。

鼓励学生根据个人兴趣选择文化课程，支持他们发展特长和爱好。

通过实施上述教育方案，高职学生不仅能在专业技能上得到提升，还能成为拥有深厚文化底蕴、广泛兴趣爱好和高度社会责任感的复合型人才，为社会的可持续发展贡献力量。

四、高职学生身心素养教育

高职学生身心素养教育旨在促进学生的全面发展，确保他们在面对未来职业生涯和个人生活时，能够保持健康的身体和积极的心态。

定期开展体育课，教授学生基本的运动技能，如跑步、游泳、篮球、瑜伽等。组织多样化的体育赛事，如校内运动会、足球联赛等，增强团队精神和竞争意识。提供健身指导，包括营养饮食建议和个性化锻炼计划，帮助学生建立健康的生活习惯。开设健康教育课程，涵盖生理卫生、疾病预防、心理健康等内容。定期邀请专家举办讲座，解答学生关于健康的疑问，提供专业咨询。教授基础的急救知识和技能，如心肺复苏（CPR）、止血包扎等，提高学生的自救互救能力。

开展心理健康教育。设立心理咨询中心，为学生提供专业的心理辅导和咨询服务，及时解决学生的心理困扰。培训辅导员和教师识别学生心理问题的能力，确保他们能及早发现并介入学生的心理问题。通过工作坊和讲座，教授学生有效的情绪调节方法，如冥想、深呼吸等。组织放松活动，如瑜伽班、冥想小组等，帮助学生学会应对学习和生活中的压力。

开展团队建设活动和角色扮演练习，提升学生的沟通能力和团队协作能力。教育学生学习建立和维护健康的人际关系，处理冲突和矛盾。提供职业兴趣测评，帮助学生了解自己的优势和兴趣所在。开展就业指导和创业教育，让学生对未来的生涯规划有清晰的认识和准备。教授学生学会合理安排时间，设立短期和长期目标，培养良好的自我管理能力。通过案例分析、辩论赛等活动，训练学生的批判性思维和分析问题的能力。鼓励学生参与项目式学习，在实际操作中提升解决问题的能力。强调终身学习的重要性，鼓励学生持续探索新知，保持好奇心和求知欲。

通过实施上述身心素养教育方案，高职学生不仅能获得专业知识和技能，还将形成健康的生活方式，具备良好的心理素质，为步入社会做好充分准备。这有助于他们成长为身心健康、适应能力强的社会栋梁。

五、高职学生科学素养教育

高职学生科学素养教育是职业教育体系中不可或缺的一环，旨在培养学生扎实的科学知识基础、科学思维能力和创新精神，以适应快速发展的科技社会。科学素养不仅关乎专业知识的掌握，更涉及对科学方法论、科学精神和科学态度的培养。

加强自然科学教育，包括物理学、化学、生物学等基础科学知识，为学生提供科学世界的宏观视角。结合专业特点，深入学习机械工程、电子技术、信息技术等领域的专业知识，强化实践操作能力。掌握数学原理与统计方法，为科学研究和数据分析提供工具。培养质疑精神，学会从多角度分析问题，区分事实与假设，评估证据的有效性。通过逻辑学课程，训练学生进行严密的逻辑推理，提高问题解决能力。鼓励学生提出新颖的观点和解决方案，通过项目制学习和实验设计，培养创新意识。强调观察和实验的重要性，通过实验数据验证理论，培养严谨的科学研究态度。学习如何建立科学模型，用以预测和解释自然现象，提升抽象思维和系统分析能力。鼓励学生跨越学科界限，运用多学科知识解决复杂问题，培养综合性问题解决能力。培养实事求是的精神，尊重科学规律，追求真理，避免迷信和盲从。通过小组项目和实验室合作，培养学生的团队协作能力和沟通技巧。教育学生理解科学研究的伦理边界，培养对社会和环境负责的科学态度。提供充足的实验室资源和实践机会，让学生亲手操作，将理论知识转化为实践技能。分析真实世界中的科学案例，让学生理解科学原理在现实生活中的应用。关注科技发展趋势，通过讲座、研讨会等形式，让学生接触最新科技成果，激发学习兴趣。鼓励学生设定个人学习目标，主动探索未知领域，培养终身学习的习惯。教授学生如何有效查找、筛选和利用科学信息，提升信息时代的科研能力。

通过系统的科学素养教育，高职学生不仅能掌握专业知识和技能，更重要的是能够培养出科学的思维方式、严谨的求知态度和持续的创新能力，为成为未来社会的技术骨干和创新人才奠定坚实的基础。

六、高职学生审美素养教育

高职学生审美素质教育是培养学生审美能力、鉴赏力和创造力的过程，旨在提升学生的文化品位，增强学生对美的感知与表达能力。在职业教育体系中，审美素质教育不仅关乎个人修养的提升，更是促进创新思维和人文关怀的重要途径。以下是构建高职学生审美素质教育体系的几点建议。

开设音乐、美术、文学、戏剧、电影等艺术门类的鉴赏课程，让学生接触多种艺术形式，提升对美的感受力。组织学生参观美术馆、博物馆、音乐会、戏剧演出等，亲身体验艺术之美，加深对艺术作品的理解和感悟。通过户外教学、摄影比赛、写生采风等活动，引导学生发现自然界和人文环境中的美，培养对环境美的敏感度。鼓励学生参与艺术作品的批评与讨论，学会从不同的角度和标准来评价美，培养独立的审美判断力。引入美学基本原理和流派，让学生了解不同文化和历史时期的审美观念，拓宽审美视野。通过对比不同文化背景下的艺术作品，让学生理解审美是多元的，培养跨文化的审美理解和尊重。提供绘画、音乐、舞蹈、戏剧创作等艺术实践机会，鼓励学生尝试艺术创作，培养创新思维和表达能力。开设产品设计、平面设计、手工艺品制作等课程，让学生在设计和制作过程中体验创造的乐趣。结合现代科技，如数字艺术、动画制作、虚拟现实等，激发学生在新媒体领域的审美创造力。将审美教育融入专业课程，如在建筑设计中加入美学原理，或在广告设计中强调艺术表现力，提升学生的综合素质。教育学生将审美意识融入日常生活，如服饰搭配、家居装饰、美食制作等，提升生活品质。引导学生关注公共艺术、城市美化等社会项目，培养学生用美学改善社会环境的责任感。

通过实施上述方案，高职学生不仅能够拥有敏锐的审美感知力、独立的审美判断力和丰富的审美创造力，还能够将审美素养应用于专业学习和日常生活中，成为具有高度审美品位和文化修养的现代公民。

七、高职学生劳动素养教育

高职学生劳动素养教育是职业教育体系中的核心组成部分，旨在培养学生的劳动观念、劳动技能、职业道德和创新精神，使他们具备适应未来职场和社会需求的能力。以下是一套全面的高职学生劳动素养教育体系构建方案。

通过讲座、研讨会等形式，让学生认识到劳动是创造财富、实现个人价值和社会进步的根本途径，从而树立正确的劳动观。强调诚实劳动、尊重他人劳动成果的重要性，培养学生的劳动道德和职业操守。教育学生了解职业安全规范，掌握基本的安全操作规程，提高自我保护意识和能力。结合专业特点，开展实操性强的专业技能训练，如机械加工、电子装配、软件编程等，确保学生掌握必备的劳动技能，包括团队合作、沟通协调、时间管理等软技能，以及信息检索、数据分析等硬技能，提高学生的综合能力。鼓励学生参与创新项目、科技竞赛，培养创新思维和解决实际问题的能力。通过榜样教育、职业规划指导，激发学生对工作的热情和责任心，培养敬业乐群的职业态度。教育学生遵守职业规范，诚实守信，对待工作认真负责，不弄虚作假。通过团队项目、角色扮演等方式，培养学生的团队意识和协作精神，学会在集体中发挥个人价值。与企业建立紧密联系，为学生提供实习实训机会，让他们在真实的生产环境中学习和实践。鼓励学生参与社区服务、环保行动等公益活动，培养其社会责任感和奉献精神。支持学生参与创业孵化项目，提供资源和指导，激发学生的创业激情和实践能力。建立科学的劳动素养评价体系，定期对学生进行技能、态度、创新等方面的综合评估。根据评估结果，为学生提供个性化的指导和建议，帮助他们改进不足之处，提升劳动素养。设立奖学金、表彰大会等奖励机制，表彰劳动素养突出的学生，激发全体学生的学习动力。

通过构建上述体系，高职学生不仅能掌握扎实的专业技能，还能形成正确的劳动观念，具备良好的职业道德和创新精神，为未来职业生涯的成功奠定坚实的基础。

八、高职学生信息素养教育

高职学生信息素养教育是当前信息化时代教育的重要组成部分，旨在培养学生有效获取、分析、评估、使用和管理信息的能力，以及利用信息技术解决实际问题的能力。

教授学生如何使用图书馆资源、数据库、搜索引擎等工具高效地查找所需信息。培训学生具备辨别信息真伪的能力，学会从多个来源验证信息的准确性和可靠性。强调版权法、隐私保护和道德责任，教育学生合法、合乎伦理地使用信息。确保学生熟练掌握对办公软件（如 Word、Excel、PPT）、电子邮件和网络通信工具的使用。根据专业需求，教授特定的行业软件，如CAD、Photoshop、编程语言等。介绍云计算、大数据、人工智能、物联网等前沿技术的基本知识及其在各领域的应用。教授如何设计问卷、进行实验或通过观察来收集数据。培训学生使用统计软件（如SPSS、R语言）或数据可视化工具（如Tableau）进行数据分析和展示。指导学生如何解读数据趋势，撰写清晰、有逻辑的数据分析报告。增强学生对网络钓鱼、恶意软件等威胁的认识，教育他们建立安全上网的习惯。讲解如何保护个人隐私，避免信息泄露。教授如何备份、存储和加密重要数据，确保数据安全。鼓励学生利用慕课、专业论坛和社交媒体群组进行自主学习。引导学生设定个人职业发展目标，制订终身学习计划，保持技术更新，提升技能。通过项目式学习、创新大赛等方式，激发学生运用信息技术解决复杂问题的创新思维。

通过这一系列的教育和培训，高职学生将能够适应快速变化的信息社会，具备高水平的信息素养，不仅能高效地利用信息资源，还能在职业生涯中持续成长，成为信息时代的合格人才。

九、高职学生创新素养教育

高职学生创新素质教育是职业教育中至关重要的环节，旨在培养学生的创新思维、实践能力和解决问题的技巧，以适应快速变化的社会和工作环境。

通过案例分析、辩论、头脑风暴等活动，培养学生质疑现状、分析问题、独立思考的能力。教授学生使用设计思维、六顶思考帽等创新工具，激发创意，寻找非传统解决方案。鼓励学生跨专业选修课程，促进不同领域知识的交叉融合，拓宽创新视野。设计真实或模拟的项目，让学生在解决实际问题的过程中学习创新方法，如新产品开发、服务设计等。提供充足的实验设备和工作空间，鼓励学生动手实践，将理论知识转化为实践技能。与企业合作，让学生参与真实的企业项目，了解行业需求，增加实战经验。教授学生使用最新技术和工具，如3D打印、编程、数据分析软件等，提升创新实践能力。开设创业课程，讲解商业计划书、市场调研、融资策略等，激发学生的创业精神。教育学生了解专利申请、版权保护等法律法规，保障创新成果。设立创新奖项，鼓励学生参与创新竞赛，对优秀创新项目给予物质和精神奖励。创建一个允许失败、从失败中学习的环境，鼓励学生勇于尝试不怕失败。成立创新俱乐部、科技社团等，为学生提供交流、合作和展示创新项目的平台。邀请行业领袖和创新企业家分享成功经验和创新趋势，启发学生的创新灵感。与企业合作，为学生提供实习机会，同时开设就业指导课程，帮助学生将创新技能转化为职场竞争力。建立校友网络，让毕业生与在校生分享创新经验，形成创新精神的传承。

通过实施上述方案，高职学生不仅能掌握专业知识和技能，还能提升创新思维和实践能力，成为适应未来社会需求的创新型人才。

第二节　数智赋能高职学生人文素养评价体系

一、数智赋能高职学生人文素质创新评价体系的构建

数智赋能高职学生人文素质评价体系是全面、科学反映学生人文素质的重要途径之一，建立科学、规范和操作性强的评价体系，有利于促进学生知识、能力和素质的全面发展，也是全面落实立德树人根本任务的重要举措。

（一）马克思的"人的全面发展理论"

马克思在《资本论》等著作中全面阐述了关于人的全面发展的理论，马克思认为全面发展的人是指精神和身体、个体性和社会性得到普遍、充分而

自由发展的人，人的发展指的是"作为一个完整的人，要全面地拥有一个人的全面本质"。同时，他在《关于费尔巴哈的提纲》中提出，"人的本质不是单个人所固有的抽象物，在其现实性上，它是一切社会关系的总和"，其对我国职业教育发展有着非常重要的指导作用。我国教育目的中的"德、智、体、美、劳等全面发展的思想"，就是基于马克思关于人的全面发展理论，并结合我国的教育发展状况提出的，也是马克思主义理论在我国教育领域的中国化体现。人的全面发展是指人的劳动能力、智力和体力的全面发展，也指人的先天和后天各种才能、志趣、道德和审美能力的充分发展，即人的个性自由发展，而实现人的全面发展的根本途径是将教育与生产劳动相结合。马克思的人的全面发展理论对我们构建人文素质教育评价体系而言具有重要指导意义，为体系的建立奠定了理论基础。

（二）教育价值论

教育价值论是教育哲学的重要分支，主要探讨的是教育价值的内涵、性质、类型、结构等问题。同时，它也揭示了教育在满足个人发展、社会进步等方面所体现出的价值。对高职院校而言，教育价值回答了高职院校到底"培养什么样的人"的问题。一些学者认为，"我们的高等教育首先应该是教学生如何成为一个好人，其次是教学生如何思考，最后是教学生关于科学、技术、人文和社会的必要知识，以及应用这些知识的能力"。学者们虽然从不同的角度探讨了教育价值，但在教育价值的最终体现上达成了一致。他们认为，教育的价值在于形成完整的个体，在于形成正确的价值观。人文素质教育作为高职院校教育体系的重要组成部分，旨在提升学生综合素质，培养全面发展的人。学生素质的发展体现在思想和行为在社会生活中的表现上，这也反映出一个人的文化程度，身心状况，行为习惯，思维逻辑，对事物的观察力、控制力、智力水平和情商等。人文素质教育的价值在于尊重个人的价值，探索和释放个人的潜力，从而提升个人的价值。

（三）人技共生论

随着人工智能技术的快速发展，人类社会正经历着一场前所未有的变革。在这场变革中，人类与技术之间的关系成了哲学家和伦理学家讨论的焦点。

人与技术早已形成"共生共融"的关系模式，这种关系不仅促进了人类的进步，还推动了社会结构的复杂化发展。人与技术共生关系的本质就是协同进化和发展。人与技术之间的共生关系并非偶然，而是历史发展的必然结果，体现在技术对人类生活的直接改善上，更深刻地体现在技术对人类思维方式、行为习惯乃至社会结构的深远影响上。在这种关系中，人类通过技术的创新和应用，不断突破自身的局限，实现自我超越，而技术在人类的需求驱动下，不断发展升级，以便更好地服务社会。这种相互促进、相互依存的关系，也正是共生关系的核心内容。面对人工智能技术的发展，人类需要积极适应，不断学习新知识、新技能，以应对新技术所带来的未来职业变革和挑战，同时，还需要培养创新思维和批判性思维，以便更好地理解和应用新技术，推动其健康发展。对高职学生的人文素养而言，人技共生关系同样牵涉其中，并体现在学生与新技术、新技能、新工艺的关系中。首先，高职学生应积极面对新技术带来的社会产业结构变革，调整自身感知，应对社会结构变化带来的冲击，充分发挥自身主观能动性，关注、接纳和学习新技术、新技能，提升自身的素质和创新能力，并以此培养未来职业所需的新思维、新能力，以便更好地适应社会结构和产业变革。

（四）人格特质论

人格特质论是一种以特质为基础的人格理论。人格由许多特质构成，然而，对于什么是特质，理论学家们从未给出统一的定义。特质通常被视为一种持久且稳定的行为倾向，使个人能够以一种相对一致的方式对事物做出反应。人格特质属于人格心理学的一个重要范畴，其探讨的是人与环境的关系，以及在互动关系过程中所产生的情绪、情感、动机等，是一种内在倾向的个人行为。心理学家对人格特质进行了分类，具有代表性的有外向性、亲和性、自律性、开放性和神经质五个方面。个体特质的形成和发展受环境和遗传的影响。遗传基因通过神经递质和基因等方式影响人格特质，外部环境如社会、家庭、教育等则塑造和推动人格特质的发展。人格特质在个体的发展中起着重要的作用，影响着个体的思想、情感和行为习惯等。例如，在高职学生职业选择过程中，了解自身的人格特质有助于他们选择适合的职业方向；在高职院校进行教育教学时，教师可以根据学生的人格特质制订个性化的教学方案。总之，教育与个体人格特质之间有着重要的关联性，因此，从这个角度出发，个体在学校接受教育后所产生的行为表现可作为高职学生人文素质的考核指标，同时，从人格特质理论中人与环境相互作用的角度来看，高职院校在进行人文素质教育时，要考虑到学生与当前社会发展，特别是与新技术、新工艺、数字化变革社会之间的关系，注重发展学生的人格特质，并将其作为人文素质教育的一项重要内容。

（五）人文素质教育的相关政策

国家为进一步推动高等院校（包括高等职业院校）学生的人文素质教育、提高学生的人文素养，出台了一系列政策。1995年，原国家教委（现中华人民共和国教育部）高教司在华中理工大学召开"高等学校加强大学生文化素质教育试点院校第一次工作会议"，明确提出文化素质教育的内容是人文学科教育、艺术教育，对于文科学生，要加强自然科学教育，由此拉开了文化素质教育的序幕。1998年，教育部首次将人文素质教育写入《关于加强大学生文化素质教育的若干意见》，这一举措是我国高等教育人才培养理念的一次重大转变，明确了高等教育人才培养的三大要素：知识、能力、素质。《国家中长期教育改革和发展规划纲要（2010—2020年）》指出提升大学生素质教育是国家深化教育体制改革的关键之一。"十二五"以来，素质教育得到了进一步的重视和发展。《国家教育事业发展"十三五"规划》提出要"全面实施素质教育"；党的十九大报告提出"发展素质教育"；2018年《教育部关于加快建设高水平本科教育全面提高人才培养能力的意见》提出要"发展素质教育，深入推进体育、美育教学改革，加强劳动教育，促进学生身心健康，提高学生审美和人文素养"。当前，以提高质量为核心的职业教育迎来了一个黄金期，步入快速发展的"快车道"，因此，高职院校全面实施人文素质教育，深化人文素质教育改革，提高学生人文素质，是时代发展的必然要求。《加快推进教育现代化实施方案（2018—2022年）》提出要全面部署"六卓越一拔尖"计划2.0，实现新工科、新医科、新农科、新文科全面发展，在全国高校中掀起一场"质量革命"，促进高等教育的高质量发展。

二、高职学生人文素质评价指标体系相关分析

随着职业教育的高速发展，高职学生人文素质教育已成为提升职业教育质量、深化职业教育改革、促进学生全面发展的重要环节。构建科学合理的人文素质评价体系应以相应的理论和研究为基础，强调学生知识、能力、情感、心理、价值观等多方面的综合分析和评价。国内学者也从不同角度论证和构建了高职院校学生人文素质评价指标体系，首先，就广义的人文素质体系而言，王晓明认为从结构上看，人文素质包括人文基础、人文知识、人文思想、人文方法和人文精神五个部分；石亚军认为人文素质具有三个媒介，即人文知识、人文素质和人文形态，三者有机融合才构成真正意义上的人文素质。由此可以得出，广义上的人文素质涉及文化、思想道德、法律、科

学、审美、环境等方面的素质，每项素质又包括含义、内容和具体操作三个层次。其次，就狭义的人文素质体系而言，杨润华认为，一个人的基本素质包括身体素质、心理素质、社会素质，社会素质包括综合人文素质、思想道德素质、审美素质、科学素质等。教育部原部长袁贵仁认为，人是由精神因素、社会因素和自然因素构成的。由此可以看出，人的发展是人在社会活动基础上的自然素质、社会素质和心理素质的发展。刘教明认为大学生素质包含社会文化素质、自然素质、心理素质三个层次。总之，在狭义层面，学者们将人文素质和身心素质、科学素质、思想道德素质、审美素质等置于同一层面考虑。

就人文素质评价体系对特殊专业学生的要求而言，也有相应的研究。刘峤提出，应用型人才的人文素质包括知识的获取、思想的理解、方法的掌握、精神的弘扬四个方面。马改红在听取专家意见的基础上，运用德尔菲法构建了人文知识、方法、思想、精神四个二级指标下的26个三级项目。谷晓红认为，医学生的人文素质应包括认知、情感、态度等方面。张哲华认为，人文素质应包括人文知识、人文方法、人文精神、人文思想。张伟在构建护理专业人文素质教育评价指标体系时，提出以教育质量全面提升和发展为目标，以质量评价的"结构-过程-结果"三层次理论作为逻辑框架。

三、高职学生人文素质教育评价体系基本架构

教育数智化转型对高职院校人文素质教育提出了新的需求，人工智能、大数据等新技术的发展对学生在人文素质提升方面提出了更高的要求。因此，构建一套科学、合理、全面、操作性强的人文素质教育评价体系尤为重要。本书借鉴国内现有的评价指标体系，通过文献综述法，确定高职学生人文素质考评指标的构建要素。然后，通过层次分析法（The Analytic Hierarchy

Process，AHP），构建 AHP 结构模型，形成判断矩阵，计算单项要素和指标的权重并进行排序，检验其一致性，最终形成高职学生人文素质评价体系。

（一）评价体系构建的时代依据

在数字经济社会中，产业革命对高职学生在素质、技术、技能等方面的综合素质提出了更高的要求。根据马克思的人的全面发展理论，全面发展不仅体现为人的自由发展，更强调社会条件对人的重要性，以及社会条件对高职院校培养何种人才的影响。在数字经济时代，我们应根据知识、意识和行为三个维度来观察和评价学生的人文素质，高职院校学生的人文素质应涵盖思想道德素养、文化素养、审美素养、科学素养、身心素养、信息素养、法律素养、创新素养、劳动素养等九个方面的内容。

思想道德素养。思想道德素养是高职学生应具备的最基本的素养。它是学生在社会生活中的思想观念、政治立场、社会责任、价值取向、道德情操和行为习惯等方面的品质与能力的综合表现，反映了学生的思想境界和道德风貌，主要包括思想政治素质和道德素质两个方面。

文化素养。文化素养是指高职学生在文化方面所展现出的一种稳定且内在的修养和素质，涵盖了学生知识面的广度、对知识理解的深度以及思想的广度和深度。广泛的知识有助于学生更好地理解社会、增强对事物的认识能力和判断力；对知识理解的深度能够帮助学生把握事物的本质和规律，形成更全面的见解；思想的广度和深度体现为学生在思想观念方面的开放性和深刻性，包括对问题思考的深度以及见解的独特性。

审美素养。审美素养是指高职学生在审美活动中所表现出的能力、知识、情感和修养等，包含对美的感知、理解、欣赏和创造能力，以及在此基础上所形成的观念、态度和习惯。审美素质是学生人文素质结构的重要组成部分，对学生的成长和发展具有重要的意义。通过欣赏美丽的事物，学生可以增强对美的感知和理解，培养审美品位。学生可以接触各种形式的艺术，如绘画、雕塑、音乐、舞蹈等，并通过对艺术作品的观察和分析来提升自己的审美能力。

科学素养。科学素养是一个多维度概念，涵盖了学生对学科知识、方法、思维、思想以及科学精神的理解和掌握程度，是学生的主体性和人文素质发展的重要组成部分。数智化时代对高职学生的科学素养提出了更高的要求，在职业教育改革和技术技能型人才培养中赋予了科学素养新的内涵。

身心素养。身心素养包括身体素养和心理素养两部分，是学生在实际生活中与外界相互作用后所形成的相对稳定的身体和心理特征。身体素养不仅反映了学生的体育技能和体能水平，同时也包含了学生对体育活动、健康活动、强健身体、卫生习惯、生活规律以及适应性的理解等。心理素养由多种因素构成，在先天基础上，由于后天教育、环境、社会活动等因素的影响而逐渐形成认知能力、性格情绪、行为特征、意志品质等。

信息素养。信息素养是一个全面性概念，指个人在信息社会中获取、处理、利用、评估和传播信息的能力。在数智化时代，信息素养已经成为每个人必备的基本能力之一。

法律素养。法律素养是高职学生个人成长和职业生涯的必备素质，能指引他们在法律海洋中安全前行，维护自身权益，尊重他人权利，为社会公平正义贡献力量。提升高职学生法律素养，需要着眼于学习法律知识、树立法治观念、遵守法律规则、提升法律实践能力、加强道德修养和积极参与法治建设。

劳动素养。劳动素养是高职院校学生培养的核心素养，是学生在学习劳动与实践过程中所形成的能促进个人终身发展和满足社会发展需要的劳动心理、劳动知识、劳动技能以及价值观等。在数智化时代，高职学生应注重劳动价值观、劳动情感品质、劳动知识技能、劳动实践习惯等方面的劳动素养。从目前高职学生劳动素养培育实践及成果来看，依然存在一些问题，如培育意识不强、师资力量不足、劳动课程缺失、培育过程形式化等。

创新素养。创新素养是创造性素养，是以形成创新思维、创新能力、创新知识、创新人格、创新实践为特征的一种涵养塑造过程，是在一定条件和基础上通过训练和实践而获得的创新精神或创新能力，对个人发展和社会进步具有重要意义。

（二）高职学生人文素质教育评价体系的构建原则

高职学生人文素质是一种动态的、繁杂的综合素养，建立人文素质教育评价体系是一项系统工程，需要对学生在学习、生活、工作等方面所需的知识和能力进行测评，同时也需对高职院校的综合教学水平和质量进行评价。因此，在构建时，需要结合当前以至今后数字经济社会发展的现状和趋势，从内隐和外显两个视角来综合提取人文素质教育构成要素。在前文研究的基础上，本书对高职学生人文素质教育构成要素的提取以国内学者构建并实践的人文素质教育要素为参考，以相关理论为理论基础，是在经过文献查阅、数据调查分析等程序后形成的。在构建过程中，主要遵循以下原则。

其一，遵循布鲁姆教育目标分类原则，从知道、领会、应用、分析、综合和评价等六个层次切入，由低级到高级、由简单到复杂，层层递进，对构成要素进行定位。

其二，以胜任特征模型理论和复杂性理论为指导，关注学生在教育过程中所需的知识、技能、能力以及价值观、自我概念和社会角色定位等，分析构成要素内部关系的不确定性、组织性和动态平衡性等特征。

其三，从国际的视角出发，借鉴国外评价领域的经验，结合当下我国社会发展需求和职业教育发展目标，将评价体系的前瞻性、职业性和竞争性等融入人文素质教育评价体系中。

其四，充分结合教育信息化2.0对职业教育发展的要求以及职业教育政策要求，将数智化、信息化等新技术等融入高职学生人文素养构成要素中。

（三）AHP的基本原理

层次分析法是一种定性与定量相结合的决策分析方法。其特点是能够处理复杂或难以实现完全定量描述的决策问题。AHP通过将复杂问题分解为多个层次因素，并对这些因素进行定性和定量分析，从而提供科学的决策依据。通过本方法构建高职学生人文素质评价体系时，应着重关注评价的结果和整体效益。就获得的有效数据、观点以及对结论的分析而言，应考虑教育目标的实现程度，并为评估学生人文素质是否达到预期目标提供参考。同时，学生人文素质教育具有扩展性和动态性，因此，在使用AHP时，也要注意评价过程的全面性和可行性。

总之，在高职学生人文素质教育评价过程中应用AHP，应考虑高职院校学生成长过程中的各种因素，强调他们的内在发展，帮助他们正确地理解自己。

四、通过AHP构建评价指标体系的基本步骤

（一）构建递阶层次模型

在相关研究理论的基础上，课题组将人文素质教育构建要素按照其之间的相互关联和隶属关系分成目标层、一级指标和二级指标，最终形成高职学生人文素质评价指标体系结构（表4.1）。

表4.1　高职学生人文素养评价指标体系

内容	一级指标/权重	二级指标/权重
高职学生人文素养评价指标体系(A)	思想道德素养(B_1)0.25	思想素质(C_1)0.15
		道德素质(C_2)0.10
	文化素养(B_2)0.15	文化知识(C_3)0.045
		学习现状(C_4)0.105
	审美素养(B_3)0.10	审美知识(C_5)0.04
		审美能力(C_6)0.06
	科学素质(B_4)0.10	知识目标(C_7)0.04
		专业技能(C_8)0.06
	身心素养(B_5)0.10	身体素质(C_9)0.05
		心理素质(C_{10})0.05
	信息素养(B_6)0.05	信息知识(C_{11})0.02
		信息能力(C_{12})0.03
	劳动素养(B_7)0.05	课程学习(C_{13})0.015
		劳动心态(C_{14})0.015
		劳动技能(C_{15})0.02
	法律素养(B_8)0.10	法律知识(C_{16})0.04
		法律运用(C_{17})0.06
	创新素养(B_9)0.10	基本知识(C_{18})0.01
		创新能力(C_{19})0.03
		创新思维(C_{20})0.03
		创新品质(C_{21})0.03

（二）构建比较判断矩阵

确定人文素质教育评价体系的各层次要素后，对同一层次的各个要素进行两两比较，并依据评定标准确定其相对重要性，根据学者专家或教育工作者的评价打分，形成A-B层次矩阵，用b表示；对于A而言，B的相对重要性的数值表现如表4.2所示，通常b_{ij}为1，2，3，…，9及其倒数（表4.3）。

表4.2　b_{ij}标度

标度 b_{ij}	含义
1	B_i 与 B_j 同样重要
3	B_i 比 B_j 重要一点(稍微重要)
5	B_i 比 B_j 重要(明显重要)
7	B_i 比 B_j 重要得多(强烈重要)
9	B_i 比 B_j 重要很多(绝对重要)
2,4,6,8	上述两个相邻判断的中间值
倒数	$b_{ij}=1/b_{ji}$

表4.3　A 对 B 的判别矩阵

	B_1	B_2	B_3	B_4	B_5	B_6	B_7	B_8	B_9
B_1	1	2	3	4	5	6	7	8	9
B_2	1/2	1	2	3	4	5	6	7	8
B_3	1/3	1/2	1	2	3	4	5	6	7
B_4	1/4	1/3	1/2	1	2	3	4	5	6
B_5	1/5	1/4	1/3	1/2	1	2	3	4	5
B_6	1/6	1/5	1/4	1/3	1/2	1	2	3	4
B_7	1/7	1/6	1/5	1/4	1/3	1/2	1	2	3
B_8	1/8	1/7	1/6	1/5	1/4	1/3	1/2	1	2
B_9	1/9	1/8	1/7	1/6	1/5	1/4	1/3	1/2	1

（三）层次排序及一致性检验

计算矩阵的特征向量并对表4.3中的判断矩阵进行归一化处理，得到各要素的权重（表4.1）。每个特征向量的分值为 $w_1=0.25$，$w_2=0.15$，$w_3=0.10$，$w_4=0.10$，$w_5=0.10$，$w_6=0.05$，$w_7=0.05$，$w_8=0.10$，$w_9=0.10$。得出判断矩阵的最大特征根：

$$\lambda_{\max} = \sum_{i=1}^{7} \frac{(Aw)_i}{nw_i} = 7.279$$

$$CI = \frac{\lambda_{\max} - n}{n-1} = 0.0465$$

$$CR = \frac{CI}{RI} = 0.035 < 0.1$$

随后进行一致性检验，确保矩阵的一致性，经过计算，得出一致性比率（CR）小于0.1，A-B层次判断矩阵符合一致性检验要求（表4.3）。采用相关方法，计算B-C层次判断矩阵并进行一致性检验。

（四）体系的特征

首先，一级指标（B级）九大要素中的"思想道德素养"权重最高，体现了高职院校全面贯彻落实立德树人根本任务，遵循了"以德育人"的基本原则；其次，在21项二级指标（C级）中"行"的维度权重最高，体现了高职院校人文素质教育遵循"知行合一"的原则；最后，在二级指标中，将数字技术、数字能力、信息处理等方面的信息素养和创新能力、创新思维、创新品质等方面的创新素养以及劳动素养等要素纳入其中，体现了与时俱进的原则。整个评价体系呈现了协调统一的关系，旨在提升学生人文综合素质。

（五）评价体系的不足和操作禁忌

本评价体系针对普通高职院校，其他普通高校不在本评价范围内，具有一定的主观性。同时，在具体操作中，本体系强调过程导向和动态评价的重要性，注重学生在学习过程中的表现和发展，而非仅仅关注最终的成绩或结果。通过强调过程价导向和动态评价，本体系能够更加客观地反映学生的人文素质状况，避免忽视评价的真正目的和意义。

五、数智赋能高职学生人文素质评价体系实践个案分析

高职院校学生人文素质教育水平是衡量高职人才培养水平高低的标准，

也是对学生各方面表现的测定和评价，评价的结果体现了学生德智体美劳全面发展的综合素质表现。例如，重庆轻工职业学院，以陶行知思想中"知行合一"为核心，以"教学求真""做学合一"精神理念为根本，以"强能济世，卓尔不群"办学理念为导向，以培养"大国工匠""能工巧匠"为使命担当，秉持"敢为人先""与时俱进"的教育追求，将其转化为人才培养"创新精神"，形成新时代特色育人标准，即培养知识全面、视野开阔、适应性强、具有创新精神和实践能力的高素质技术技能人才。在开展学生人文素质评价时，根据育人目标将学生人文素质评价内容分为九个方面。通过科学设置人文素质评价的内容和体系，明确各个模块的内涵和权重，引导学生在校期间综合均衡地发展各项素质能力，既促进了全体学生人文素质的全面发展，又引导了优秀学生根据测评结果查漏补缺，在全面发展的同时做到个性发展。本书将以重庆轻工职业学院思想政治理论课"理实一体、知行合一"评价体系为例，对数智赋能高职学生人文素质评价体系进行个案分析。

为了认真落实思想政治理论课立德树人根本任务，实现理实一体的思想政治理论课教学，激励学生知行合一，学校应根据数智赋能高职学生人文素质评价体系的标准和思想政治理论课的特点以及学校学生的实际特征，制订思想政治理论课"理实一体、知行合一"量化考核办法。

（一）思想政治理论课"理实一体、知行合一"量化评价指标体系

表4.4 思想政治理论课"理实一体、知行合一"量化评价指标体系

一级指标4个	分值	二级指标9个	分值	观测点19个	评分、等级及其标准					考评者		
						优	良	中	及格	不及格	任课教师	
											自评 20%	班评 50%	师评 30%
理论学习	50分	量化评价法			按照试卷标准评分								
		期末成绩	40分	试卷解答情况		A.96—100分 B.90—95分	A.86—89分 B.80—85分	A.76—79分 B.70—75分	A.66—69分 B.60—65分	A.56—59分 B.50—55分			
		平时成绩	10分	课堂考核和作业完成情况	按照课堂考核和作业评分								
课内实践学习	20分	模糊评判法											
		自主学习	20分	参与度5分		参与度高	参与度较高	参与度一般	参与度及格	参与度不及格			
				团队协作5分		团队协作好	团队协作较好	团队协作一般	团队协作及格	团队协作不及格			
				学习成果展示10分		成绩优秀	成绩良好	成绩中等	成绩及格	成绩不及格			

一级指标	二级指标	三级指标					
课外实践学习 10分	文明之家创建 5分	文明班级创建2分	创建积极贡献大	创建较积极贡献较大	能参与创建贡献一般	能参与创建贡献小	创建消极无贡献
		文明寝室创建3分	创建积极贡献大	创建较积极贡献较大	能参与创建贡献一般	能参与创建贡献小	创建消极无贡献
	社会实践 4分	社会调查2分	参与调查积极成绩优秀	参与调查较积极成绩良好	能参与调查成绩中等	能参与调查成绩及格	参与调查消极成绩不及格
		服务社会2分	服务社会积极成绩优秀	服务社会较积极成绩良好	能参与服务社会成绩中等	能参与服务社会成绩及格	服务社会消极成绩不及格
	社团活动 1分	在社团活动中的表现1分	参加社团组织工作积极	参加社团组织工作较积极	参加社团组织工作一般	未参加社团组织，但关心和支持社团活动	未参加社团组织，并对社团活动漠不关心
德行表现 20分	政治思想修养 6分	政治取向2分	坚持四项基本原则，坚定四个自信，坚持正确政治方向	坚持四项基本原则，坚定四个自信，政治方向较为坚定	坚持四项基本原则，坚定四个自信，政治方向基本正确	坚持四项基本原则，坚定四个自信，政治方向基本正确	对四项基本原则的坚持和四个自信的坚定力度不够

续表

				优	良	中	及格	不及格	自评 20%	班评 50%	师评 30%
模糊评判法	德行表现 20分	政治思想修养 6分	政治信仰 1分	A.96—100分 B.90—95分	A.86—89分 B.80—85分	A.76—79分 B.70—75分	A.66—69分 B.60—65分	A.56—59分 B.50—55分			
				申请入党或入团,参加党团校学习,成绩优秀	申请入党或入团,参加党团校学习,成绩良好	申请人党入团,参加党团校学习,成绩合格	政治上具有一定进取心,但行动不够积极,成绩不合格	政治上不求进取			
			思想修养 3分	践行实事求是,诚实守信,积极进取,向上向善,充满正能量,思想修养好	践行实事求是,诚实守信,进取心较强,向上向善,思想修养较好	能践行实事求是,诚实守信,有进取心,思想修养一般	认同实事求是利诚实守信,但践行不到位。思想修养有待提高	缺乏实事求是思想,思想修养较差。			
		道德修养 8分	感恩美德 2分	具有知恩图报美德,做到有恩必报	知恩图报意识较强,做到有恩常报	知恩图报意识一般,做到偶有感恩报	知恩图报意识不强,感恩言行不到位	感恩意识淡薄,感恩言行缺失			

德行表现 20分	道德修养 8分	集体观念 2分	具有家国情怀,大局意识,团队意识,底线意识强。热爱集体,积极参加各级集体活动,表现优秀	具有家国情怀,大局意识,团队意识,底线意识较强。参加各级集体活动较积极,表现良好	具有家国情怀,有一定的大局意识,团队意识,底线意识。能参加各级集体活动,表现一般	基本具有家国情怀,有一定的大局意识,团队意识,底线意识。能参加各级集体活动,表现及格
						不具有家国情怀,大局意识,团队意识,底线意识不强。参加集体活动较消极,表现不及格
		文明礼貌 3分	践行尊师敬老爱幼美德,穿着打扮得体,礼貌待人。文明素养优秀	践行尊师敬老爱幼美德,穿着打扮较好,礼貌待人,文明素养良好	能践行尊师敬老爱幼美德,礼貌待人。文明素养一般。	基本能做到尊师敬老爱幼,礼貌待人。文明素养及格
						文明素养较差,待人接物言行不准
		社会公德 1分	公德意识强。主动维护公共秩序,爱护公物和公共卫生。主动助人解困	公德意识较强。较自觉地维护公共秩序,爱护公物和公共卫生。对困难群体具有同情心。能助人解困	有公德心。能践行公共秩序,爱护公物和公共卫生。对困难群体具有同情心	有一定的公德意识。基本遵守公共秩序,基本爱护公物和公共卫生。对困难群体偶有同情心
						公德意识淡薄。有违反公共秩序,损坏公物和公共卫生的行为。对困难群体漠不关心

125

				优	良	中	及格	不及格	自评 20%	班评 50%	师评 30%
德行表现 20分	模糊评判法	法纪修养	6	A.96—100分 B.90—95分	A.86—89分 B.80—85分	A.76—79分 B.70—75分	A.66—69分 B.60—65分	A.56—59分 B.50—55分			
			学法守法 2分	法律意识强,常用法律处理维权问题。反坑蒙拐骗,是守法护法的模范	法律意识较强,能用法律思维处理问题。抵制坑蒙拐骗,自觉守法护法	有法律意识,基本能用法律思维处理问题。守法情况较好	具有一定的法治意识。偶用法律思维处理问题。能守法	法治意识淡薄,常以江湖意气处理问题。有违法行为			
			遵守纪律 4分	堪称遵守校纪校规的模范,无违纪行为。敢于与违纪行为作斗争	遵守校纪校规情况较好,无违纪行为	遵守校纪校规,无严重违纪行为,偶有轻微违纪,经教育后立即改正	遵守校纪校规,无严重违纪行为,偶有轻微违纪,经教育后改正情况较好	有严重违反校级校规行为,受到学校处分			

1. 测评办法

一是理论学习测评方法。理论学习由任课老师采用量化评判法进行测评。理论学习成绩考核分为两种：期末成绩采取开卷考试的方式评定。平时成绩依据学生学习态度、课堂上回答问题的情况、完成作业的情况等方面进行综合评定。二是课内外实践学习和德行表现测评方法。课内外实践学习和德行表现的测评采取模糊评判法。课内外实践学习从自主学习、文明之家创建、社会实践、社团活动这4个二级指标下的8个观测点进行评估，德行表现从政治思想修养、道德修养、法纪修养这3个二级指标下的9个观测点进行考量。按照优、良、中、及格和不及格五等10级（优AB、良AB、中AB、及格AB、不及格AB），分别开展自评、班评和师评，其中，自评占20%，班评占50%，师评占30%。

2. 计算办法

一是考评指标体系中4个一级指标总分为100分。其中理论学习成绩50分（期末成绩为40分，平时成绩10分），课内实践学习20分，课外实践学习10分，德行表现20分。

二是自评奖惩计算办法。为了敦促学生客观评价自己，专门采取加减奖惩法。就课内实践学习、课外实践学习、德行表现3个一级指标，自主学习、文明之家、社会实践、社团活动、政治思想修养、道德修养和法纪修养7个二级指标而言，自评分别记为 Z_1，Z_2，Z_3，Z_4，Z_5，Z_6，Z_7，班评分别记为 B_1，B_2，B_3，B_4，B_5，B_6，B_7，师评分别记为 S_1，S_2，S_3，S_4，S_5，S_6，S_7。通过公式 $k=(Z_1+Z_2+Z_3+Z_4+Z_5+Z_6+Z_7)-(B_1+B_2+B_3+B_4+B_5+B_6+B_7+S_1+S_2+S_3+S_4+S_5+S_6+S_7)/2$，来计算学生自评与班评和师评的差值 k。如果 $k>45$，则从总评分中扣2分；如果 $30<k\leqslant45$，扣1.5分；如果 $15<k\leqslant30$，扣0.5分；如果 $0<k\leqslant15$，不扣分；如果 $k=0$，总评分加2分；如果 $-15\leqslant k<0$，加1.5分；如果 $k<-15$，加1

分。加减奖惩法有助于有效避免学生对自己评价过高或过低，引导学生进行更客观的自我评价。

3. 实施步骤

大学生思想政治理论课"理实一体、知行合一"量化评价工作由思想政治理论课教师牵头，充分发挥了辅导员、学生助教团和班助课小组的作用，其按照五个步骤来组织实施。

①学习动员。组织学生认真学习《重庆轻工职业学院思想政治理论课理实一体知行合一量化考评办法（试行）》，正确理解文件精神，动员学生自评。

②自评。组织学生客观评价自己。

③班评。构建班级思想政治理论课"理实一体、知行合一"量化考评小组。采取民主集中方式推荐并产生班级考评小组。每组5~7人，由表现良好、办事公道、作风正派的同学组成。然后，班级考评小组根据条件认真对全班每一个同学进行行为成绩评定。

④师评。由任课老师和辅导员对每个学生按标准进行成绩评定。

⑤汇总与录入数据。任课教师汇总自评、班评、师评和学生的理论学习成绩，将相关数据录入系统后提交至教务处。

4. 成绩运用

学生思想政治理论课"理实一体、知行合一"量化考评成绩与学籍、评优和评奖挂钩。

（二）项目推广应用效果

①本项目在重庆市高校思想政治理论课"手拉手"共建行动第九组集体备课会上作交流发言，受到兄弟院校的好评。

② 本项目在校内应用成效显著，反响良好。应用成效体现在两方面。一是学生参与积极性高。各班学生按8~15人自由组成自主学习小组，从确定主题、搜集资料、撰写讲稿、制作PPT到现场分享，在过程中积极与老师沟通，寻求指导。二是成果展示精彩。学生围绕课程内容、时事政治和社会热点充分运用现代技术手段制作精美课件，课件大量引用来自新华社、人民日报、中央电视台等官媒的数据、图片和视频资料，图文并茂、内容翔实、逻辑清晰。学生的现场讲解自然流畅、深入人心、精彩纷呈，讲解中学生将"述"与"评"相结合，清楚完整讲述新闻事件，对主题进行充分的挖掘，并作出客观的评论。

反响良好体现在三方面。一是学生评价好。自主学习小组通过集体备课、分工合作、撰写讲稿、制作PPT、登台演讲得到了锻炼。有的学生说："为上台表现良好，我们小组为几分钟展示准备了好几天。"有的同学说："我从来没上台演讲过，开始很紧张，浑身发抖，多练几次就好多了。"有的学生说："通过实践教学，我学会了录像和制作视频。"有的学生说："通过实践教学，我制作PPT的水平提高了。"在师生座谈会上，不少同学要求多开实践教学课。二是任课教师满意度高。任课老师在实践教学中看到学生积极争取在展示中获奖，主动请教、自觉精心准备，为此十分高兴。有的老师说："实践教学的展示平台让学生从'要我学'变为'我要学'，我们付出再多的精力和心血都值得。"三是督导老师评价好。督导老师到实践教学课堂听学生讲课后说："学生的学习潜力大，只要老师给他们一个舞台，他们就会给我们一个惊喜。"总而言之，通过实践教学的开展，创新形式引导学生贴近社会、贴近实际、贴近生活，增强了教学的知识性、趣味性、针对性和实效性，使习近平新时代中国特色社会主义思想和党的二十大精神进课堂、进头脑落到了实处。

第三节　高职学生人文素质教育监测体系的构建与实践

监测评估最早由美国密西根大学的第·艾鼎敦（Dee Edington）于1978年提出，在健康管理领域，这是一种对身体变化的过程进行持续监测，并基于监测信息对身体情况进行判断与决策的医疗理念。该理念被应用于教育领域后，形成了一种新的教育评估构想，即通过定期收集和分析教育信息来直观呈现教育状态，从而为教育管理者执行价值判断与决策提供客观依据。教育监测评估作为提升教育质量、优化教育资源配置的重要手段，对推动教育事业全面发展具有重要意义。构建一个全面而有效的教育监测评估体系需涵盖多个关键维度，以确保教育目标的实现和持续改进。在数字化技术环境下，人文素质教育监测面向传统教育场域与在线教育情境，从数据循证层面对教育活动过程进行质量监控与成效评估，以期达到教育增值的目的。运用大数据技术进行数据分析与预测，对高职院校人文素质教育的环境数据、过程数据、结果数据等进行三维捕捉和分析，有利于为人文素质教育监测评估提供可靠证据。

一、高职学生人文素质监测体系的构建原则

数智赋能高职院校学生人文素质体系对大学生的成长所产生的影响，主要通过指标体系的综合评价结果来体现。对高职学生人文素质教育体系的运行监测，主要运用现代信息技术来建立全面、快速、高效的信息搜集系统，建立科学的分类体系和信息存储体系，从而建立起科学、系统、规范和长效的运行监测机制，为监测提供较权威的信息平台。

（一）系统性原则

高职学生人文素质教育监测体系，是一个体现层次性、开放性、整体性、发展性、关联性的体系，监测的系统性原则，即对评价体系中所涉猎的要素、权重进行全面监测。从横向视角出发，对要素之间相互独立、相互联系、相互支撑的情况进行充分把握；从纵向角度出发，对"种"观测点和"属"观测点的层次关系进行精准监测，并形成记录和考查结果，为定量分析和定性分析提供基础依据。没有系统性监测，必然就会挂一漏万、残缺不全，就会带来结果的失真，信度效度就会受到影响，就不能说服人、培养人。

（二）优先性原则

在高职学生人文素质教育评价体系中，不同的指标和要素的权重是不一样的，有的性质也不一样，对学生人文素质教育的重点指标和观测点，要进行优先监测，如道德素养、身心素养、文化素养等，对定性指标、一级指标、核心指标等也要进行优先监测。对具体指标或要素，辅之以过程性监测、具象类监测、全方位监测。只有突出重点、突出优先，才能体现国家的价值导向和培养导向，才能体现培养人的性质和培养初心，才能体现育人体系的功能性和导向性。

（三）指向性原则

高职学生人文素质教育的理念奠基于数智技术发展的视角，数智技术背景要求建立更宽阔、更丰富，更具有全局性、引领性、目标性的高职学生人文素质教育体系，监测点的选择和指向性更加明确。例如，通过学生身心素质的养成，将其反映到社会人格之中，社会人格又映射到学生的思想、行为、价值取向中，这是一种目的性、方向性、重点性十分明确的监测体系。

（四）连续性原则

数智赋能人文素质教育是一个连续不断的发展过程、修正过程、完善过程，体系建设必然也是一个渐进的过程、持续改进的过程、相对稳定的过程，对体系运行观测点的监测必然也就是一个连续的过程。特别是高职学生思想观念、道德观念、行为观念，还要受到社会环境的影响，其中最重要的是受到社会意识形态的影响，这些都要求监测标准、监测尺度、检测方法要有一个连续跟进的过程，在监测中完善，在完善中监测。

二、高职学生人文素质监测体系的重点内容

学生人文素质监测主要是由道德素养、心理健康、行为规范、法律素养、文化素养、科学素养、信息素养、就业创业素养、劳动素养等方面构成的监测体系。该系统运行涉猎的监测视域较多，涉及的具体观测点更多，为避免冗长，这里就监测重点进行梳理。

（一）道德素养监测

1.思想观念的监测

人文素质的育成，首先会表现在对学生思想观念的影响上。观念是人们在长期的实践中形成的对事物的总体认识和看法，马克思主义哲学唯物论指出"观念的东西不外是移入人脑，并在人的头脑中改造过的物质的东西而已"。观念来自客观世界，同时又指导客观世界。若出现观念偏差或观念错误，那么行为必然会出现闪失。所以首先要监测的是实践观念的先进与否、正确与否。这里的观念是一个观念丛的概念，思想观念决定着大学生行为的方向。思想观念是思维活动的结果，属于理性认识。社会存在决定人们的思想观念。思想观念具有客观性、实践性、历史性、发展性等特点。正确的思

想和观念应符合客观事实，推动客观事物的发展。因此，正确的观念有利于人们在实践中进行正确的决策和行动，从而不断提高社会生产实践能力。反之，则是错误的思想观念，它对客观事物的发展起阻碍作用。高职学生的个体观念和社会观念相互影响、相互依存。而大学阶段是学生实现人生华丽转身、观念蜕变的关键阶段。这个阶段的高职学生具有相当大的可塑性。他们的观念可能还零星地、不连续地、碎片化地存在于大脑中，并未形成固定的、模式化的、系统的观念体系。同时，社会观念也会通过不同的传播渠道，如风俗习惯、人际交往、网络媒体、新闻媒体等深刻地影响大学生的思想观念形成。社会观念对人的影响既有正面的，也有负面的。例如，党的十八大报告倡导培育富强、民主、文明、和谐，自由、平等、公正、法治，爱国、敬业、诚信、友善的社会主义核心价值观，又如，习近平总书记向广大青年提出"要坚定理想信念，志存高远，脚踏实地，勇做时代的弄潮儿，在实现中国梦的生动实践中放飞青春梦想，在为人民利益的不懈奋斗中书写人生华章"，这些都决定了学生思想观念的走向和形成状态。

思想观念的监测，重点是对思想观念所表现出来的具体形式进行监测，即对追求真理的行为、善良的行动、进步的表现、社会的奉献等进行监测，从跟踪成长记录的视角来看，可审视申请入党的情况、助人为乐的情况、帮残扶弱的情况、放飞梦想的情况、传播正能量的情况、认同主流思想的情况。综合多维度、多视角、多层次要素进行监测，这些都是我们人文素质教育养成系统运行过程中的主要观测点。

2.政治观念的监测

政治观念教育是当下高职学生人生发展教育的重要内容。把握当代高职学生政治观念的现状，对其政治观念的发展变化进行检测是进行政治观教育的前提。高职学生政治观是指他们对政治的态度、政治认同和其他观点。关于社会和政治关系的基本观点以国家机器的运作，以及政治运作和发展的规律为中心。

当代高职学生的政治观念在主流上是健康、积极向上的，他们能够积极参与学校的各类活动，具有期待被了解和认可的内在需求。然而，快节奏的社会导致了学生成为现实主义者，他们明确自己想要得到什么，追寻付出与索取的统一，当付出较大、回报偏少时，他们比较容易产生挫败感，在政治理论上的表现也是如此。现在部分学生不关注政治，不喜欢主动了解政治理论，常常将现实性作为标尺来衡量理论的实际效益。特别是校园思想政治理论课和专业课程，时常出现"两张皮"的现象，有的专业课程教师，对思想政治、政治理论、时事政治本身就缺乏了解和学习，于是只教书不育人，或只教书少育人现象突出，没有形成合力。此外，学校教育与社会教育、家庭教育的价值观冲突，也对大学生的政治价值观念带来负面影响。

除此之外，高职学生政治观念存在的问题，还表现为输入的知识过于死板，接受政治学习的方式也尤为单一。学生是独立意识较强、个性化色彩浓重的一个群体，在大多数高职院校都采用灌输式政治教育的背景下，学生给出的往往是一些不重视、调侃的反应。一方面，学生们喜欢突出个人想法，追求当下目标，因而在本身判断价值不完善的情况下导致其政治理想无法正确建立。另一方面，信息互联网的发展，让绝大多数大学生在需要谈到政治的时候，通过网络便能获得很多观点。这也是高职学生沟通交际能力不断弱化的一个原因，在网络上，他们往往具备更加灵活的思辨能力，但是其自身独立的政治理念却得不到稳定的树立。

这一监测点，就是要对大学生政治观念的正面清单和负面清单进行梳理，对大学生发展过程中的正面清单和负面清单的消长情况进行动态掌握。目前，大学生的"政治意识、大局意识、核心意识、看齐意识"，坚持四项基本原则的状态等将是重点监测领域，大学生的政治认知、政治情感、政治态度、政治认同、政治站位、政治表现等方面将是连续监测点。

3. 道德观念的监测

不同的视角会导致对道德价值观的不同见解。《伦理百科辞典》指出，道德观是"对社会道德现象和道德关系的整体认识和系统看法。与人们的世界观、人生观紧密相连"，是"指对全部道德现象的认识和观点，有时也是指对某一类的认识和观点。在社会生活中，人们总是站在一定的社会地位和特定利益关系的立场上，去观察和认识各种社会道德的"。在当下，马克思主义道德观是人类道德思想发展的重要成就，是人类思想文化史上各种进步道德观的升华，是符合广大人民群众利益的科学的道德观。来自不同社会阶层的人不可避免地对道德有不同的理解和看法。在无产阶级看来，道德观表现为公而忘私、先人后己、助人为乐、见义勇为等，体现在是非观、荣辱观、生死观、义利观、利欲观、幸福观等一系列观念体系中。尽管不同学术观点对道德观有不同的看法，但其共同点是不容置疑的，即道德观是人们对自身、对他人、对社会、对世界所处关系的系统认识和看法，属于社会伦理学的范畴。在不同的领域，会出现相关的从属道德观，如人口道德观、生态道德观、金融职业道德观、"英雄"道德观等。

当代高职院校大学生的道德观具有明确的社会取向，他们大多都高度重视和肯定"公共道德"的重要性和价值，强调"大我"的重要性。他们通常对社会主义道德体系，持积极、支持、接受的态度，以集体主义为原则，以爱祖国、爱人民、爱劳动、爱科学、爱社会主义为基本要求。他们普遍认为，遵循社会秩序、关心公共财产、维护国家利益、关注生态环境，是现代社会中每个人都应该遵循的基本道德规范。大多数当代高职院校的大学生都有崇高的道德理想和坚定的道德信念。他们信任社会主义的道德体系，并致力于维护道德秩序和建设良性的社会。他们愿意让社会的基本道德规范来引导他们的思想和行动，也希望成为一个高尚和有道德的人。从内心深处来看，他们也非常愿意成为光荣的"道德捍卫者"。

总体而言，当代高职学生仍持积极的道德态度。他们肯定、欣赏和赞美社会中的各种道德现象，同时否定、鄙视和批判各种不道德现象。当需要他们帮助他人时，他们通常会在自己的能力范围内伸出援助之手，以帮助他人克服困难。这展示了年轻学生应该拥有的道德品质和行为举止，同时他们也获得了心灵的愉悦和境界的提升。当然，不可否认的是，也有一些大学生存在严重的道德冷漠问题。这些学生对于社会上发生的各种违法犯罪事件、不道德现象，或习以为常，或反应冷淡。许多时候，当需要他们进行高尚的道德行动的时候，他们往往冷漠待之、退而避之。例如，一些学生在公交车上缺乏谦逊态度和绅士风度；一些学生在面对非法和犯罪现象时，坚持"事不关己，高高挂起"和"各人自扫门前雪，莫管他家瓦上霜"的原则。

大学生是国家的希望、民族的未来，他们的道德价值观与他们自身的和谐发展和成长成才直接相关，对整个社会氛围和习俗有着深远的影响。一方面，当代大学生的道德价值观仍存在一定的问题，如对外界表现出冷漠、事不关己的态度，功利性强等，需要进一步改进，如果不加以控制，那么他们就容易出现道德上的问题，这不仅会影响他们自身的全面发展，而且对家庭、社会的和谐与稳定构成了严重的威胁。另一方面，大学生道德观具有社会性、理想性、积极性、易变性等特点，这又说明当代大学生道德观的可塑性很强。

因此，当代高职学生的思想道德教育有待进一步加强，特别是习近平新时代中国特色社会主义思想教育，以社会主义道德体系作为引领，使其形成正确的道德认识、道德情感、道德信念和道德行为。

高职学生道德观的自主化、多元化、世俗化趋势的不断出现和逐步强化，给他们的思想道德教育带来了困难，提出了更新、更高的要求，即需要不断完善思想德育工作方法，更新学生的思想德育观念，注重以人为本和人文关怀，更加重视教育的人性化；思想道德教育目标要精心设计，逐步分层，坚持进步要求和广泛要求的统一；学生思想道德教育内容要合理组织、精心安排，满足学生心理和精神需要；学生思想道德教育的方法要灵活、多样、活泼，不仅要实现教育指导的目的，还要使大学生易于接受；思想道德教育要自觉地渗透到互联网等现代新媒体和工具中，综合利用各种新载体，努力丰富科技内容和提高现代思想道德教育的方法水平，提升思想道德教育的效果；思想德育工作者应提高其综合素质，准确把握道德观念的新特点和新趋势，并采取有效的教育策略进行指导。

分析以上高职学生目前的一般现状，为我们对学生道德观念的监测奠定了扎实基础。高职院校学生的道德认识、道德情感、道德修养、道德行为、道德进步将成为重要的监测方面，尊老爱幼、见义勇为、互帮互助、爱心行动、文明礼貌、精准扶贫、志愿者行动等，将成为重要的监测点。

（二）心理健康监测

健康的心理是高职学生成长、成才的关键，是事业成功、实现全面发展和可持续发展的基础。美国著名心理学家马斯洛认为良好的心理素质表现为：充分的安全感，在学习、生活、交往过程中充满信心、信任他人；生活理想且切合实际，生活目标适宜，心理健康；充分了解自己，能对自身进行适当评价，正确认识自己，对自己的能力有充分的了解和认识；不脱离现实环境，能主动适应外部环境，能与他人正常交流，不自我封闭；保持人格的完整和谐，有正确的人生观、价值观、世界观，并与自己的能力、性格、气质、需求、兴趣、理想等相吻合；具有从经验中学习的能力，能吸取经验教训，能不断学习新知识、新技能，能适应社会；能保持良好的人际关系等。

当今高职学生的成长成才环境已经发生了翻天覆地的变化，学生所面临的各方压力都有增无减。面对各种压力，如果学生缺乏积极向上的情绪、和谐的人际关系、良好的人格、坚强的意志和成熟的心理素质，便会难以适应社会提出的高要求，也难以实现自己的个人价值和社会价值。人文素质教育能通过科学的方法和完善的措施，激发当今职业院校大学生积极思考、独立思考、敢于承担责任、追求独立和自由、主动参与、勇于创新和进行团队合作。这些优势和素质应促进大学生积极调整自己的心理状态，解决可能出现的心理危机，形成坚强的意志力，克服困难，不断朝着更高的生活目标前进。

1. 对学生学业压力的监测

高职学生的学业压力是影响学生心理健康的重要因素，监测这一观测点，意义重大。从心理学的角度来说，压力是指"事件或环境，包括个体在与这些事件或环境的相互作用过程中，通过个体的认知与评价而在心理上产生的一种情绪体验"。我们一般所认为的心理压力是指个体在面对外部要求或期待时，所感觉到的紧张、焦虑、不安等，是受到刺激因素的影响而产生的一种情绪。学业压力的实质是学生在进行学习时所感觉到或产生的一种紧张、焦虑的情绪，能够引起身体的反应，这是学生和学习、环境相互影响的结果。

既然学业压力的实质是学生面对学习时引起的心理和身体的反应，那么学业压力就是动态变化的一个过程。在不同的阶段，由于学习任务的变化，压力也会发生相应的变化，也就是说，学业压力的产生、持续的时长、压力的强度等是由学生对外部环境的感知来决定的，属于一种非智力因素。

非智力因素指的是大学生本身因自身内部因素与不同外部环境相互作用所产生的压力源。大学生的课程看似容易，课业负担也比较轻，但是要想取得好成绩，也并不容易，特别是在如今学分制盛行的情况下，成绩较差的学生面临着挂科、重修的风险，成绩较好的学生则承受着争夺名次、获取奖学金的压力。英语、计算机等级以及日益升温的升本热、竞赛热等，这些大小不一的考试让大学生又回到了为考试而奔波的时代，给处于学习压力中的学子增添了沉重的负担。

学业压力产生的主要原因是学生对学习存在倦怠、消极情绪，具体表现为逃避学习、缺乏学习热情、容易感到疲劳、注意力不集中、上课玩手机等，这些行为导致学习成绩差，出现考试不及格的情况，进而使学生对学习丧失信心，甚至会出现偏激行为。此外，学生学习效能也会降低，逃课旷课次数增多。调查发现，高职学生学业压力的压力源主要包括：课程难度难以与课程进度同步、频繁考试和激烈竞争、家长和教育者过高的期望等。学业压力的形成既与外部环境有关，也涉及学生自身的因素：学习不认真，不努力，动手能力差，不善于管理学习、活动时间，缺乏应对外部压力的能力以及对自身的要求过高等。高校学习环境和学习方法与中学相比差异较大，高校课程门数多、涉及面广、难度较大，需要学生具备较强的吸收新知识的能力和自主学习能力等。学生的学业压力大，面临的竞争也很激烈。学业压力大，也导致精神压力大，渐渐地，学生就会对学习失去兴趣，对自己失去信心，进而导致学习效率降低，学习成绩下滑。同样，学业压力大会对学生的心理健康造成影响，使学生产生抑郁、失落、烦躁、紧张、不自信等消极情绪，进一步导致学生缺乏学习动力。因此，休学、退学、补考、重修、申请缓考的学生人数不断增加；同时，学业压力也会引发学生精神方面的问题，严重者会出现精神疾病、自残、自杀等行为。学业压力既有利也有弊，既会给学生的身心健康造成严重的影响，也能为学生的学习动力带来积极作用，促使他们积极上进，不断为学业努力奋斗并取得优异的成绩。因此，适度的学业压力有利于活跃学生的思维，提高学生的反应速度，使学生在学习时处于兴奋状态，对学生的学习是有益的。学生若能化压力为动力，便能朝着更加优异的方向发展。

高职学生的学习压力不仅体现在学校的专业知识学习上，因为学校是一个促进学生全面发展的平台，学生参与各类学生事务组织、参加证书考级的辅导班、进行软能力的培养都属于学习的范畴，而学生在这些方面所承受的压力也显得尤为突出。大学生不仅要处理自身专业知识的消化理解问题，还面临着学生会、社团、班委等一些组织策划方面的事务，这会让各种压力相互交织，使大学生难以排解，对那些自尊心强的同学而言，这种情况更加明显。

本体系是以思想政治教育为基础的全方位育人体系。在学生心理健康问题方面，以预防为主、梳理为辅为原则，将其应用于对学习压力的监测，能够在大学生压力源的产生、应对压力的方式、对压力的事后处理等方面取得良好的解决效果。

当学生感受到学习压力时，他们对压力情境的评价和解释会极大地影响他们的感受和反应。这表明，心理层面的认知和态度调整是应对学习压力的重要途径。培养学生的非智力因素，如学习动机、学习兴趣和学习态度，是调节学习压力的有效手段。这些因素能够激发学生的内在动力，使他们更加积极地应对学习挑战，从而减轻由外部压力带来的负面影响。例如，对学习充满兴趣和热情的学生，更可能将学习视为一种享受，而不是一种负担。同时，对外部环境的塑造也是至关重要的。一个和谐、友爱、轻松的学习环境能够为学生提供必要的支持和慰藉，帮助他们更好地应对学习压力。这样的环境可来自家庭、学校或社会，通过提供情感支持、学习资源和学习机会，促进学生的心理健康和学业发展。因此，为了有效调节学生的学习压力，我们需要从内部和外部两个方面入手。内部方面，要培养学生的非智力因素，增强他们的心理韧性和应对能力；外部方面，要塑造一个和谐、友爱、轻松的学习环境，为学生提供必要的支持和资源。这样，学生才能更加健康、快乐地成长，并在学习中取得更好的成绩。

2. 对学生挫折压力的监测

在人工智能和数字技术快速发展的背景下，我国社会正在经历深刻的变革，这种变革不仅影响了经济结构、生活方式，也深刻地影响着人们的思想观念和价值体系。对正处在人生观、价值观逐步确立阶段的学生而言，这种社会变革带来的不确定性尤为显著。旧的社会规范和价值判断标准被摒弃，而新的规范和标准尚未完全确立，这导致学生容易陷入迷茫和无所适从的状态。他们可能会感到缺乏方向和目标，不知道应该如何适应这个快速变化的世界。此外，市场经济的发展和生活节奏的加快也给学生带来了巨大的心理压力。社会对人才的要求不断提高，竞争日益激烈，这使得学生不得不面对更多的挑战和考验。如果他们不能很好地适应这种变化，就可能会产生焦虑、抑郁等心理问题，甚至失去对生活的热情和信心。

"人生逆境十有八九"，每个人的一生都会遭遇挫折。每个人在成长的过程中都会遇到各种挑战和困难，这是生活的一部分。然而，面对挫折时，人们的反应却千差万别。有的学生遭遇挫折后，能够从容应对，以平和的心态面对挫折，他们保持常态，能理智分析原因，采取有效措施去克服困难；有的学生面对挫折时，容易产生错误认识和消极反应，认为挫折不应降临到自己身上，夸大挫折的程度，甚至以偏概全，因一次挫折而否定整个自我，这些错误认识往往会导致他们无法冷静客观地分析思考，进而采用消极的方式，如逃避、放弃或过度焦虑；有的学生面对挫折时会以偏概全，以某方面的挫折来否定整个自我。他们可能因某一次考试成绩不佳就认定自己不是读书的料，对前途感到悲观失望。这种以偏概全的认知方式会让他们陷入自我否定的泥潭，难以挣脱。

生而为人，必然会遭遇各种挫折。对于挫折，不同的人有不同的处理方式，而处理方式的不同，也决定了挫折对个体的打击伤害程度。人们在面对挫折时，其应对能力存在显著差异。有些学生能够迅速调整情绪，主动寻求帮助，通过倾诉、指导等方式排解负面情绪，从而迅速走出挫折的阴影。而另一些学生则可能由于缺乏自我排解的能力，对挫折过分敏感，容易陷入长时间的不良情绪之中，甚至导致心理和行为失常，乃至直接引发自杀行为。数智赋能高职学生人文素质监测体系将从根本上让学生找到合理应对压力源的方式。

大学生在学习生活中，通常都对自己抱有一定的期望，并相信自己能够达到某一预期目标。然而，在实际行动中，他们可能缺乏耐心和毅力，或者虽然付出努力，但因要求过高或急于求成，导致学习成绩未能达到预期标准。在这种情况下，学生容易对自己产生不满的情绪，引发心理冲突。因此，高职学生应从以下方面进行调整。

调整期望，正视现实：学生要学会调整自己的期望，使之更加符合实际，同时，也要正视现实，认识到理想与现实之间的差距，并努力缩小这种差距。

增强毅力，坚持努力：在学习和生活中需要增强自己的毅力，不断努力追求自己的目标，即使遇到困难和挫折，也要保持积极的心态，坚持努力不放弃。

注重培养兴趣，丰富生活：除了学习之外，大学生还应该培养自己的兴趣爱好，丰富自己的生活。这不仅可以帮助他们转移注意力，缓解学习压力，还可以提高他们的综合素质和生活质量。

培养学生接受挫折、积极应对的能力：最重要的是，学生要学会接受挫折是生活的一部分，并积极应对，通过反思、总结等方式，从挫折中汲取经验教训，不断提升自己的应对能力和心理素质。

3.对学生实现理想的压力监测

高职学生在追求理想的过程中，常因对社会现实的理想化认知与实际情况存在差距，从而产生心理冲突和情绪反应。这种心理失衡不仅会影响他们的心理健康，还可能对他们的行为产生极端影响。高职学生往往对社会持有理想化的认知，认为社会应该完全符合他们的期望。这种认知忽略了社会的复杂性和多样性，容易导致他们对现实滋生不满和失望的情绪。当现实与理想之间出现较大落差时，高职学生容易产生心理冲突。他们可能感到愤世嫉俗，对现实产生强烈的抵触情绪，甚至可能出现自杀等极端行为。部分高职学生在面对问题时，缺乏客观全面的分析能力。他们可能会刻意夸大问题的严重性，忽略了个人素质和努力的重要性，而将责任完全归咎于社会。

高职学生在追求理想的过程中，需要调整对社会的认知，增强心理素质和客观分析能力，加强社会实践，并建立支持系统。这些措施有助于他们更好地面对现实与理想之间的差距，保持健康心理和积极心态。同时，强化对大学生实现理想的压力监测，可以引导大学生通过现实的社会实践与田野感知，学习相关知识，并将其运用到实际社会环境中，把周围发生的情况以专业的、具体的、现实化的方式展现出来，增强大学生的内在定力。同时，在对未来的理想追求上，培养学生用更全面的视角看待问题与分析问题，用更理性的态度去审视问题和解决问题，做到明辨是非、笃行致远，使自身境界得到进一步提升。

4.对大学生自尊心的压力监测

自尊心，作为个体自我意识的重要组成部分，既是个体自我价值的体现，也是个体与外界交往时的心理防线。然而，当自尊心过度膨胀或受到不当刺激时，便可能引发一系列心理问题。首先，高职学生自尊心的敏感性有所增强，这既是他们自我意识觉醒的表现，也可能成为他们心理困扰的源头。他们渴望得到他人的认可和尊重，对任何可能损害自尊心的言行都格外敏感。这种敏感性有时会导致他们过度解读他人的意图，将无意的言行视为对自己的冒犯，从而产生不必要的冲突和矛盾。

其次，当自尊心不能得到满足时，一些学生可能会采取不当的方式来寻求满足。这种行为不仅可能损害他们的社会形象，还可能对他们的未来产生负面影响。因此，引导高职学生以正确的方式满足自尊心，培养他们的自我认同感和自我价值感，是教育工作者和家长的重要任务。

再者，自尊心与自卑感往往并存。高职学生在追求自尊心的同时，也容易陷入自卑的泥潭。他们可能过于关注他人的评价，而忽视了自己的内在价值。当遇到挫折或失败时，他们可能会过分贬低自己，甚至产生自杀等极端念头。因此，帮助学生建立正确的自我评价体系，增强他们的自信心和抗挫能力，是预防自卑感产生的关键。

最后，对家境困难的学生来说，自尊心可能会变成一种额外的负担。他们可能为了维护所谓的自尊而过度消费，甚至牺牲自己的基本生活需求。这种行为不仅加重了他们的经济负担，还可能对他们的心理健康造成伤害。因此，学校和社会应该给予这部分学生更多的关注和支持，帮助他们树立正确的消费观念和价值观。

高职学生自尊心的问题需要引起我们的高度重视，将学生自尊心的发展状态纳入监测体系，通过引导学生与学生之间、学生与老师之间的合作交流，让大学生在共同协助中找到合理处理问题的方式，让交流催生更多的理解，让实践展现更多的处事原则，让理性化作心灵滋养，陪伴学生茁壮成长，辅佐学生健康成才。

（三）行为规范监测

实践育人是高职院校全面落实党的教育方针、提高学校办学质量、引导学生积极践行社会主义核心价值观的必然要求。学生不能独立于他们的家庭、学校和社会而存在。因此，他们也必须遵守人们在长期社会实践中形成的约束性和指导性行为规范，如习惯规范、纪律规范和法律规范，这些规范有助于对社会成员进行调整。21世纪以来，虽然大学实践教育工作在内容和形式上取得了不错的成绩，但仍有许多问题尚未从根本上解决，如重理论、轻实践，重知识传授、轻能力培养，重形式、轻效果等。这仍然是高校工作中最薄弱的环节。

数智化人文素质教育体系为破解实践育人的难题提供了建设性的实施方法，学生的可塑性也为塑造学生的人文素养提供了一个良好的契机。本体系坚持科学育人、系统育人、全面育人的基本思路，分步骤、分层次、有序、有效地引导学生坚持理论学习与社会实践结合，不断从实践中获取真知，增强学生的认知能力和解决问题的能力，也培养学生服务于国家、服务于人民的责任感，坚定中国特色社会主义道路自信、理论自信、制度自信、文化自信。

1. 高职学生习俗规范的监测

习俗规范是社会文化的重要组成部分，不仅塑造学生的日常行为模式，还深刻影响着社会的各个方面。当前，随着全球化的发展，习俗规范也始终处于不断的演变与调整之中。为了全面理解并有效监测习俗规范对学生人文素质教育的影响，本书从社会行为监测、文化认同变化、法律法规遵循、经济活动影响、教育领域渗透、媒体传播分析、公众意见反馈以及跨代际差异评估等八个维度进行深入探讨。

当前，随着多元化文化的不断发展，高职学生不良言行，如网络不道德行为、违反校规校纪以及社会活动中表现出的不当行为，反映出高职院校在对中国传统礼仪文化的传承和教育方面存在欠缺。高等院校作为文化传承的主阵地，应该把传统文化、文明礼仪教育作为自身的主要职责和重要使命。要把文明礼仪教育纳入学校教育的各方面，要构建以行为为导向的文明礼仪教育体系。

高职院校学生需要学习的习俗和规范主要分为行为礼仪和传统认知两方面。礼仪是人与人之间交往、互动时应该遵循的行为准则。行为礼仪涵盖了学生在社会交往中的各种行为规范，包括仪容、举止、表情、服饰、谈吐、待人接物等方面。这些礼仪不仅体现在个人礼仪上，还包括公共场所礼仪、待客与作客礼仪、餐桌礼仪、馈赠礼仪等。礼仪教育的内容丰富多样，包括敬人的原则、自律的原则、适度的原则和真诚的原则。这些原则指导人们在交往过程中要严于律己、宽以待人，以建立和谐的人际关系。传统认知则涉及人类对某些行为或观念的长期积累和认同，其中礼仪的起源可以通过人类学的角度来追溯。人类礼仪主要源于两个方面：一是原始宗教的祭祀活动，这些活动在历史发展中逐步完善了相关的规范和制度，形成了祭祀礼仪；二是人类协调主客观矛盾的需求，为了生存和发展，人们逐步积累并约定出一系列"人伦秩序"，即最初的礼。在中国传统礼仪文化中，礼仪不仅是人际交往的通行证，也是人们文明程度和道德修养的一种外在表现形式。

道德教育是文明礼仪教育的核心，从道德教育到个人修养等道德品质的养成，是一个循序渐进的过程。在这一过程中，内在品德教育、个人修养与尊重他人的道德品质，三要素缺一不可。学生的内在修养和外在表现是评判文明礼仪教育水平的基本标准。学生的内在修养和外在表现高度一致，且形成于个人的思想深处。作为高等职业教育的重要组成部分，文明礼仪教育的重要性和必要性是不言而喻的。

当前，高校作为文化传播的主阵地，随着经济全球化、信息全球化、传媒全球化所带来的各种影响，西方极端利己主义文化的侵蚀以及意识形态和生活方式的冲击，深刻影响着思想和心智尚未完全成熟学生的生活方式、价值观念和意识形态等。此外，中国经济目前正处于社会转型期，社会意识形态的演变深刻影响着大学生的思想观念。因此，大学生的个人行为礼仪问题日益突出。

"播种行为，收获习惯；播种习惯，收获性格；播种性格，收获命运。"各个领域的成功人士都有一个共性，那就是基于良好习惯构建的日常行为规律。好的习惯是人们走向成功的钥匙，而坏的习惯是通向失败的大门。一种好的行为习惯让人受益终身，但一种坏的行为习惯则会贻误终身。在学生宿舍可以发现，综合素质较为优秀的同学，他们的床铺干净整洁、物品摆放整齐，而那些在生活习惯方面存在着一些问题甚至问题严重的学生，他们的生活习惯比较差，被子乱扔、书桌上的物品杂乱无章、鞋子随意放置。作为高职学生，理应体现出优雅的谈吐和文明的素养，然而，在现实生活中，学生行为粗暴的现象并不少见，有的同学言语不文明，有的同学在公共场所大声喧哗，有的不愿意承担社会责任，有的盲目追求所谓的西方潮流等。

针对学生在文明礼仪、习俗方面的不足，学校需要承担起重要的教育引导责任。通过吸收合理的传统文化伦理和现代礼仪规范，学校可以为学生提供一个全面、系统的行为规范教育体系。

整合教育资源，开设相关课程：学校可以开设专门的礼仪课程，如"大学生礼仪修养""传统文化与现代礼仪"等，向学生传授基本的礼仪知识和行为规范。同时，在其他课程中融入礼仪教育元素，如在思政课、文化课中增设相关章节，使学生在学习专业知识的同时，也能接受礼仪教育的熏陶。

开展丰富多彩的实践活动：组织各类关于行为规范、习惯养成的实践活动，如礼仪知识竞赛、文明礼仪示范班评选、模拟社交场合演练等，让学生在实践中学习和掌握礼仪规范。鼓励学生自发组织有益的活动，如志愿服务、文化交流等，通过参与活动，培养学生的团队协作精神和社交能力，同时提升他们的礼仪素养。

营造文明的校园文化氛围：学校可以通过宣传栏、广播、校报等多种渠道，宣传文明礼仪的重要性和具体规范，营造浓厚的礼仪教育氛围。举办文明礼仪主题讲座、研讨会等活动，邀请专家学者为学生讲解礼仪知识，增强他们的礼仪意识。

加强家校合作，共同推进礼仪教育：学校可以与家长建立密切联系，共同关注学生的礼仪教育问题，形成家校共育的良好氛围。鼓励家长参与学校的礼仪教育活动，如家长开放日、亲子礼仪课堂等，增进家长对礼仪教育的理解和支持。

建立有效的监督与激励机制：俗话说，没有规矩不成方圆。规章制度建设也是促进大学生良好行为规范养成的重要方面，学校可以设立文明礼仪监督小组，对学生的日常行为进行监督和指导，及时发现并纠正不文明行为。建立文明礼仪奖励制度，对表现突出的学生给予表彰和奖励，激发学生的积极性和参与热情。把严格的管理与自我教育有机结合起来，营造一个生动活泼的育人环境，自觉地用规章制度来约束自己、指导自己、提升自己。

2.高职学生纪律规范的监测

学生纪律意识教育是维护学校和谐教育秩序的必然需求，是促进学生道德修养提升和全面发展的目标要求，是社会主义事业发展的客观要求。高职院校作为一个有计划、有组织的教育机构，其办学目标和方向影响着学生身心健康和成熟发展。高职院校不仅需要向学生传授科学和文化知识，也是对学生进行纪律规范教育的重要场所。目前，在高等职业院校中，许多学生纪律意识薄弱，对自身的要求不高或不严格，经常做出一些违反校纪校规的事情。在他们的心目中，"纪律"这个概念是开放的。研究者在对高职院校人才素养教育进行调查时发现，学生被问及"你认为一个人最有价值的品质是什么?"时，选择"纪律"一项的占比仅为0.34%，排名倒数第一。虽然有部分学生有纪律意识，认为自己能够做到遵守学校纪律，但自我约束意识还不够，意识和行为之间存在一定差距。少数学生在违纪后没有提高思想觉悟，导致违纪现象屡禁不止。

纪律不仅是对学生行为的约束，更是对他们成长的引导和保护。因此，当学生未能遵守纪律时，他们应该感到内疚，并意识到自己的错误，从而积极改正。学生未能尽到遵守纪律的义务，并缺乏内疚感，这反映出他们在纪律观和荣誉感方面的缺失。在日常教育教学中，部分学生存在考试违规、迟到、早退、旷课等问题，甚至利用所学知识攻击学校网络、篡改学习成绩，这些行为严重违反了学校的纪律规定，也损害了其他同学的利益。更令人担忧的是，这些学生还嘲笑遵守纪律的同学，将违纪行为视为"个性"或"能力"的体现，这种扭曲的价值观需要得到及时的纠正。

高职学生出现纪律问题的影响因素是多方面的，主要是源于新媒体与信息技术的不断发展，同时，家庭传统的教育不够完善，不同的家庭模式对学生的成长产生了不同影响，尤其是单亲家庭、重组家庭等。此外，学校内部管理也负有很大责任，低水平的校园内部管理很大程度上让学生养成了纪律意识淡薄的习惯。部分教育工作者仅停留在表面的说教与命令，大学生面临困境无法发泄，都会将情绪堆积，进而表现为抗拒学校纪律。

构建数智化人文素质教育的根本要求，是提倡运用思想指导，推动学生重塑纪律意识。具体而言，要创新理论学习的形式、加强纪律宣传，根据高职学生心理发展特点和需求，开展多层次的纪律教育，坚持让学生理解和掌握法律知识、法规和规章，加深学生对学校规章制度的理解和体验。同时，整合专业教育内容，将各种规章制度、校规校纪融入专业教学、课堂教学中，培养学生的制度意识、纪律意识等。将纪律教育与思想政治教育相结合，并与学生的品德提升和全面发展相融合，是促进学生形成良好纪律意识的关键。这种结合不仅有助于学生理解纪律的重要性，还能激发他们内在的动力和热情，促使他们追求并实践良好的纪律行为。"只有信道，才能循规蹈矩。"当学生真正相信并认同纪律的价值时，他们才会自觉地遵守纪律，将其内化为自己的行为准则。因此，辅导员在日常与学生的沟通交往中，应该注重培养学生的信念体系，让他们明白纪律对个人成长和社会发展的重要意义。辅导员作为学生思想政治教育的重要实施者，应该从自身做起，尊重和维护纪律价值观。他们应该以身作则，严格遵守学校的纪律规定，为学生树立榜样。同时，辅导员还应该通过与学生进行深入的沟通和交流，了解他们的思想动态和实际需求，帮助他们解决在遵守纪律方面遇到的困惑和问题。在教育和引导学生的过程中，辅导员还应该注重培养学生的自我管理和自我约束能力。通过组织各种形式的活动和实践，让学生亲身体验到遵守纪律带来的好处和成就感，从而增强他们的纪律意识和自律能力。

培养学生的自我控制力是纪律教育的核心目标之一。纪律不仅仅是一系列强加的外部规则，更重要的是引导学生将这些规则内化为自己的行为准则，实现从他律到自律的转变。这一过程需要学生在思想意识上形成对纪律的深刻理解和认同，进而在行为和习惯上体现出纪律性。要实现这一目标，需要采取一系列有效的策略和方法。要注重培养学生的自我反省能力，让他们学会定期回顾自己的言行，识别并纠正错误。这种自我反省的过程有助于学生提高对自己的要求，促进他们的行为从自发向有意识、从外部向内部、从被动向主动转变。此外，要紧密结合学生成长发展实际，积极搭建活动平台，开展主题实践活动，通过有意识的、长期的、系统的内化和体验，树立学生正确积极的价值观、人生观、纪律观，让学生真正成为一个"有纪律"的人。

（四）法律素养监测

"天下从事者，不可以无法仪。无法仪而其事能成者，无有。"法律素养是指人们在社会实践中形成的法律思想、知识、观念、心理、情感、行为和态度的主观理解和客观存在的总和，涵盖了对法律的本质、作用、特征等方面的认识、感知、理解、评价，以及在此基础上形成的理论观点，是法律现实的一种特殊组成部分和社会意识的一种特殊形式。法律素养主要表现为人们对法律的本质和功能的认知，对自身权利和义务的理解，对法律制度的认识、掌握和应用，以及对自身行为合法性的评价。学校教育明确提出要把坚定正确的思想和政治方向放在育人的首要地位，以培养社会主义事业的建设者和接班人。

在新时代，法治建设已成为国家治理的重要基石。作为未来社会的中坚力量，高职学生应该注重提升自身的法律素养。作为社会中的一个特定群体，高职院校学生在法律认知方面具有其独特性，例如，他们的法律心理体现为对法律现象较为肤浅、直观的理解和情感反应，像在日常生活中遇到问题时，不能完全从法律角度去思考和解决问题。他们的法律意识建立在维护法律尊严、敢于打击违法犯罪行为的主观心理上，表现为能够遵守法律、保护自身权益，保证在任何情况下不屈从于强暴、诱惑或胁迫。德国法学家耶林曾经指出："当权利受到侵犯时，无论什么权利，他们都必须面对以下问题：他们是选择斗争，还是放弃拯救权利以避免斗争？没有人能逃脱这个抉择。"学生的法律观念是指他们对法律的分散、偶然的理解与系统、不可避免的理解的统一，也是情感与理性的统一，是一种相对稳定的法律意识。一般来说，法律观念通常与一个人的法律知识和法律教育程度有关。丰富的法律知识可以促进正确法律观念的形成，从而增强法律意识。

正身明法，遵纪守法，也是当下国人应有的共识。良好的秩序是一切美好事物的基础。邓小平提出"有法可依、有法必依、执法必严、违法必究"十六字方针；习近平总书记在两会上多次强调遵守法律的重要性。无论是为了"十四五"规划目标的实施，还是为了中国梦的实现，遵纪守法都是重要的前提。迄今，社会焦点聚焦在反腐倡廉、醉驾酒驾、明星吸毒这样的敏感问题上。在"打老虎、打苍蝇"行动中，群众的揭发检举申诉意识增强，国家惩治力度加大，这正是对法律权威以及国家和群众利益的有力捍卫。在治理醉驾酒驾问题上，交通警察坚守岗位，利用电子警察对多发路段进行监控拍摄，人民群众积极配合，这为公民出行安全提供了重要保障。

增强法律意识是时代的必然趋势。在这样的趋势中，作为大学生，应深知"纸上得来终觉浅，绝知此事要躬行"。深刻地认识到遵纪守法不仅仅是说说而已，需要努力去践行，遵守并维护法律法规才是重中之重。将学生所学的法律知识转化为法律意识与信仰，即在实践中去感悟和体验，这也需要直接经验的支持，是直接经验与间接经验共同作用的结果。

（五）文化素养监测

文化是民族的灵魂，是社会进步的基石，是提升文明素养的重要引擎。对高职学生实施文化素养的监测，重点在于对学生在文学、历史、哲学、艺术等人文知识方面的养成，以及在文化品位、审美情趣等方面的塑造进行评价。文化素养对于个人的发展至关重要。一个具有高度文化素养的人，不仅拥有广博的知识储备，还具备较高的文化品位和文化意识，这些都是个人成长和发展的重要保障。在现代社会，文化素养不仅是求职和升职的重要条件，更是一个人在社交和生活中的重要资本。文化素养对于国家和民族的发展也具有重要意义。一个国家和民族的文化素养水平，直接关系到其在国际社会中的地位和影响力。文化素养高的国家和民族，不仅能够在文化交流中占据主导地位，还能够在经济、科技和文化领域取得更大的发展和进步。然而，当前我国的文化素养水平还存在一些问题。一方面，由于教育资源的不均衡和文化传承的不足，很多人的文化素养水平较低，甚至存在文化盲区。另一方面，由于社会环境的变化和文化多元化趋势的发展，很多人的文化品位和文化意识也存在一定的问题。促进文化素养教育有以下益处：

1. 有助于发现学生专业知识面狭窄的缺陷，夯实文化根基

首先，文化素养的提升，有助于学生拓宽知识面、提升综合素质。高职学生往往因为生活和学习习惯，在知识积累上存在一定的欠缺，特别是对人文知识的了解较为有限，知识结构相对单一。这种状况不仅限制了学生的视野，也影响了他们的综合素质。因此，提升文化素养可以帮助学生拓宽知识面，增加对人文、历史、艺术等领域的了解，从而提升他们的综合素质。例如，在教学中引入中国传统节日的来源和习俗，不仅可以丰富学生的文化知识，还可以激发他们对传统文化的兴趣和热爱。

其次，文化素养的提升，能够进一步促进学生对传统文化的理解，增强民族自信心。长期以来，职业教育中存在"重专业、轻人文"的倾向，导致传统文化在教育过程中的地位被忽视。然而，传统文化是中华民族五千年灿烂文明的结晶，是高职学生学习和成长的不竭动力。提升文化素养，可以帮助学生更深入地理解传统文化的精髓和价值，从而增强他们的民族自信心和自豪感。同时，传统文化中的优秀品质和思想观念也可以为学生的成长提供有益的借鉴和启示。

最后，文化素养的提升，有助于学生形成健全人格、高尚情操和正确价值观。文化素养的提升不仅关乎知识积累，更关乎人格培养和情操修炼。通过了解中国英雄人物和英雄事迹，学生可以从中汲取立志报国的志向、舍生取义的意志、不畏艰难的勇气等宝贵品质。这些品质不仅可以帮助学生塑造健全的人格和高尚的情操，还可以引导他们树立正确的价值观和人生观。因

此，提升文化素养对学生的全面发展具有不可替代的作用。

2. 有助于发现职业发展中的眼高手低问题，锻造职场"金刚钻"

首先，加强文化素养教育，有利于学生形成健康向上的职业心态，树立正确的职业价值观。学生健康向上的职业心态与校园文化紧密相连。积极向上的校园文化能够为学生提供良好的学习氛围和成长环境，促使他们形成乐观、坚韧的心态。在这样的环境中，学生更容易面对挫折和困难，敢于挑战自我，勇于拼搏。文化素养教育通过丰富学生的文化知识和人文精神，使他们在面对职业生涯中的挑战时，能够保持冷静和理性，勇敢地迎接挑战，不畏艰难，勇往直前。同时，正确的职业价值观是学生在职业生涯中取得成功的重要保障。文化素养教育通过引导学生深入了解社会、历史和文化，帮助他们形成对职业的全面认识，从而树立正确的职业价值观。正确的职业价值观能够激励学生在工作中不断自我提升、自我约束和自我管理。文化素养教育通过培养学生的自律意识和责任感，使他们在职业生涯中能够始终保持高度的敬业精神和职业素养，从而提升职业核心竞争力。

其次，加强文化素养教育，有利于高职大学生拓展职业知识，提升职业技能。文化知识是职业素养的重要组成部分，它为学生提供了广阔的知识背景和思维视野。通过加强文化素养教育，学生可以掌握更多的文化知识，为职业知识的学习和掌握打下坚实的基础。了解专业的发展历程，有助于学生更好地理解专业的本质和内涵，明确自己的学习目标和方向。同时，这也能够激发学生对专业的兴趣和热情，促进他们更深入地进行学习和探索。通过文化素养教育，学生可以了解职业的发展趋势和前景，从而根据自己的兴趣和能力进行职业规划。这有助于学生在职业生涯中保持明确的目标和方向，不断提升自己的职业技能。企业文化理念和科技发展历史是企业文化的重要组成部分，也是学生适应企业环境、融入企业文化的重要基础。通过加强文化素养教育，学生可以更好地理解和掌握这些内容，从而更快地适应企业的工作环境和岗位要求。

最后，加强文化素养教育，有利于形成良好的职业习惯，塑造正向职业形象。职业习惯的形成与学生在校的生活、学习有很大的关联性，学生在校期间若有良好的生活学习习惯，走上工作岗位后，便能够顺利地过渡。同时，良好的职业习惯也源自个人对专业、职业的深刻认识和理解，并在此基础上进行感悟和反思。另一方面，它也来自个人平时对专业和职业的认同、感悟与反思。在实践实习和校企合作过程中，将企业文化融入学校教育，加深学生对企业、行业、职业的理解，帮助他们做好未来职业规划，为未来职场竞争增加筹码。

3. 有助于推进物质文明与精神文明同步，弘扬社会主流文化

在快速发展的现代社会中，物质文明的进步往往伴随着精神文化需求的增长。加强文化素养教育，可以帮助学生在追求物质生活的同时，注重丰富和提升精神世界，实现物质与精神的平衡发展。文化素养教育通过培养学生的审美情趣、道德观念和人文精神，以此提升他们的生活质量和幸福感。这种内在的提升将进一步推动社会的整体文明进步。文化素养教育使学生更加深入地了解和认同自己的文化传统，同时鼓励他们在此基础上进行创新和发展。这有助于弘扬社会主流文化，保持文化的活力和多样性。通过文化素养教育，学生可以培养对文化的自觉意识，即对自己的文化有清晰的认识和定位，能够在全球化的背景下，坚守和传承本土文化的精髓。

（六）科学素养监测

科学素养作为现代社会公民必备的核心能力之一，对推动社会进步、促进科技创新、提升公众生活质量有着不可估量的价值。科学素养不仅关乎个

人对科学知识的理解与应用，更涉及对科学方法的掌握、对科学精神的培育、对科学实践的参与以及对科学影响的全面理解。在数智时代，随着我国社会经济的持续快速发展，高素质技术技能人才短缺，如何利用数智技术赋能学生的科学素养，使高职院校成为培养新时代科技创新人才的重要基地，是新时代科学教育必须解决的问题，也是高职院校亟须应对的挑战。调查发现，高职学生的科学素养有待提高，主要有以下几个方面的原因。

1. 外界环境的因素

当下，部分高职学生受到不良外界环境干扰，功利化倾向严重，动机不纯，只考虑眼前利益，没有着眼于长远发展，而忽视了科学的精神、科学的态度，如在职业技能证书考试、职业技能比赛等活动中抄近道，用急功近利的狭隘意识取代尊重事实的科学态度。

2. 教育的因素

现行教育评价体系和监测体系尚不完善，很多高职院校在评价学生时侧重考试成绩，而忽视了综合素养，导致学生对知识采用死记硬背、临时抱佛脚的方式，将知识获得局限于简单、有形的信息和知识。而科学态度、科学精神等指标在教学、实践、评价等环节中被无形地弱化了。

3. 学生自身的因素

长期以来，部分高职学生的学习习惯、学习态度、学习方法等不当，知识储备不足，学习能力较弱，科学态度缺乏，科学信心不足。但这部分学生实际上操作能力、动手能力强，表现出很强的动手意愿，渴望在实践中获得成功，这不仅是高职院校学生的优势，也是高职院校培养高素质技术技能人才的一个重要突破口。总之，高职院校科学素质教育需从学生实际出发，强调知识的实用性、了解学生的科学态度、及时调整和掌握教学方向和过程、提升学生对科学态度的准确理解与深刻认识，从而提升学生的科学素养。

（七）信息素养监测

为了明确高职院校信息技术课程的标准，2021年，教育部出台了《高等职业教育专科信息技术课程标准（2021年版）》（以下简称《标准》），对高职学生应具有的信息素养提出了明确的要求。《标准》指出，高职院校信息技术课程核心能力主要包括四个方面：信息意识、计算思维、数字化创新与发展、信息社会责任。《标准》规定，信息技术课程中包含基础模块和扩展模块，基础模块包含办公软件、信息检索、新一代信息技术概述、信息素养与社会责任等必修内容；拓展模块包含信息安全、程序设计、大数据、人工智能、云计算等选修内容。各校可根据自身情况自主确定拓展模块教学内容。

调研发现，目前，高职院校学生的信息素养还存在以下问题：

1. 信息素养知识缺乏

随着信息技术的发展，以及互联网、智能手机等工具的普及，高职学生的学习方式发生了翻天覆地的变化。查找资料、查询信息从依赖原来的图书馆纸质资源转变为通过手机、电脑搜索，但他们在信息或资料收集的方法上存在欠缺，对信息的辨别能力较弱，难以区分信息的真伪和可靠性，获取信息的准确性较低，缺乏有效的信息管理和处理能力。此外，使用移动设备搜索信息时，学生容易受到干扰，导致信息呈现零碎化，难以形成全面的认识。

2. 信息技术实践操作能力不强

学生可能缺乏将信息技术理论知识转化为实践操作的能力，对信息技术的应用场景和实际操作流程不熟悉。部分学生对信息技术课程的不感兴趣，缺乏主动学习和实践的积极性。学生之间的信息技术基础水平参差不齐，导致在统一的教学进度下，部分学生难以达到实践操作的要求。同时，部分信息技术教学过于注重理论知识的传授，而忽视了实践操作的重要性，导致学生缺乏实际动手的机会。而且，传统的教学方法可能缺乏互动性和趣味性，难以激发学生的学习兴趣和实践操作欲望。

3.信息素养创新意识不足

随着人工智能技术的发展，AI技术或人工智能工具将取代那些依赖工具的简单重复性劳动。ChatGPT-4、Gemini、讯飞星火、文心一言、通义千问等信息检索系统的开发和利用，推动了人工智能的革新浪潮。目前，高职院校的学生由于在信息素养知识和信息技术实践技能方面较为薄弱，导致其创新意识不足，甚至在常用的办公软件、多媒体软件和网络工作软件的使用上仍存在不熟练的问题。

4.信息素养道德意识淡薄

信息素养道德是指在信息化社会中，在信息传递、处理和使用过程中应遵守的道德规范和准则。近年来，学生在网上传播谣言、篡改信息或利用技术窃取他人信息以非法获利的事件时有发生。这些事件表明，学生的信息素养道德意识淡薄、法治观念不强，网络不是法外之地，需进一步加强对学生信息素养道德素养的宣传教育。

5.师资信息素养参差不齐、实训条件有待提高

高职院校中从事信息素养工作的教师数智技能水平参差不齐，对信息技术、数智技术的知识掌握不够扎实，操作能力和水平有待提高。高职院校由于办学资金、办学理念等方面的因素，对信息技术的投入不多，设施设备配置低、设备老化等问题依然存在。

（八）就业创业素养监测

就业创业素养是高职院校学生人文素质的另一个重要方面。高职院校毕

业生的就业率是检验学校办学水平的重要指标。它不仅关乎学校的生存与发展，还关系到国民经济建设、社会和谐稳定和学生的切身利益。如何引导学生合理选择职业，实现充分就业，是高等职业教育的重要内容。

随着经济全球化的不断深化和世界各地文化、科技的快速发展，社会竞争日益激烈，这对高职院校毕业生而言无疑是人生中的第一次重大挑战，毕业生需要独立地面对挑战和机遇并存的社会环境。由于学生在学校内接触面窄，接触对象有限，特别是与外界沟通交流的机会不多，导致他们对社会了解不足，缺乏社会生存能力和经验，对事物把控能力差。与此同时，社会上存在的一些不良现象与学校的教育理念的偏差给学生在思想和心理上造成了很大的影响，学校教育标准与现实存在一定差异。

高职院校人文素质教育监测过程，要对学生的就业创业问题进行详细的规划，可以通过以下几点来进行：

加强前沿科学研究，完善专业结构设置。深入开展社会对人才要求的研究，深化教学改革，加强校企合作和社会实践，提升人才培养水平和质量。随着社会经济的快速发展，对人才的需求也在不断变化。为了满足这一需求，高职院校必须灵活调整其专业结构、课程设置和教学内容，以确保所培养的人才能够紧跟时代步伐，满足社会发展的要求。同时，加大实践教学的比重，为学生提供更多的实践机会和平台。通过校企合作、实习实训等方式，使学生能够在真实的工作环境中学习和成长。除了专业知识和技能外，学生的自我发展能力和综合能力也至关重要。教育机构应注重培养学生的自主学习能力、创新思维能力和团队协作能力等，使他们能够更好地适应未来的工作和生活。同时，通过开设跨学科课程、组织课外活动等方式，提高学生的综合素质和适应能力。

建立一支高质量、专业化的就业创业指导团队，对高职院校而言至关重要。这不仅能够提升学生的就业竞争力和创业能力，还能促进学校与社会的深度对接。高职院校的就业创业指导团队主要由就业中心、学生处和教学单位组成。为提高就业指导团队的整体水平，有必要对就业指导人员的知识结构进行合理配置。一是加强对指导团队成员的专业培训，要求教师获取相关专业资格证书；二是扩充就业创业指导团队，注意成员的多元化背景；三是聘请企业人员担任兼职指导教师，真正建立一支高水平、专业化的就业指导队伍。

加强学生职业生涯规划教育，培养学生正确的就业观，是一项长期而艰巨的任务。高职院校需要通过系统设计、分阶段实施、注重实践和创新等方式，不断提升学生的职业规划能力和就业竞争力。同时，还需要加强与企业、行业、社会的联系和合作，为学生提供更多的实践机会和就业资源。针对一年级学生，指导他们了解自我、适应大学生活、系统了解专业与职业的关系以及职业对人的要求等方面的知识，并列出多种职业发展方向，帮助学生确定学习专业知识的方向。针对二、三年级学生，引导他们明确自己的发展目标和方向，掌握扎实的基础知识和合理的知识结构，拓宽视野并了解职业需求。同时，通过初步规划职业目标和提高综合能力，增强他们的就业主动性和积极性，为未来的职业生涯奠定坚实基础。

加强对就业创业信息服务的管理和建设，是提升高职院校毕业生就业率和创业成功率的重要举措。学校和企业应共同建立毕业生资源信息共享平台，建立和完善信息数据库，加强与企业的沟通和交流，建立学生与企业之间的沟通平台，构建丰富有用的毕业生就业信息网络，提高信息资源的利用效率和服务质量，为毕业生顺利就业和成功创业提供有力保障。

（九）劳动素养监测

2023年9月，习近平总书记在黑龙江考察调研期间指出，要整合科技创新资源、引领发展战略性新兴产业和未来产业，加快形成新质生产力以应对时代挑战。新质生产力"由技术革命性突破、生产要素创新性配置、产业深度转型升级而催生，以劳动者、劳动资料、劳动对象及其优化组合的跃升为基本内涵，以全要素生产效率大幅提升为核心标志，特点是创新，关键在质优，本质是先进生产力"。劳动者在新质生产力的形成与发展中确实是不可或缺的，是推动社会进步和经济发展的核心动力。

劳动者是新质生产力形成与发展的关键要素，是推动科技创新转化为现实生产力的主体力量，可以称之为"全人类的首要生产力"，他们的知识和技能对于新质生产力的发展至关重要。新质生产力发展需要更多的高素质技术技能人才。高职教育是培养高素质技术技能人才的主体力量，在助力新质生产力形成中发挥着重要作用。因此，高职院校需要不断提升学生的劳动知识和技能水平，加强劳动教育的建设和改革，同时注重劳动教育的实施和推广。只有这样，才能培养出更多具备高素质、高技能的劳动者，为社会的进步和经济的发展贡献更大的力量。

1. 提升地位明导向，重塑劳动教育观

首先，提高劳动教育的地位。第一，明确劳动教育的核心价值。习近平总书记在全国教育工作会议上强调，要努力构建德智体美劳全方位的教育体系，形成更高层次的人才培养体系。"五育"作为一个育人系统，既相互联系又各有侧重，既相互渗透产生综合效应，又彼此支撑形成育人合力。劳动教育在"五育"中处于基础性、全局性、渗透性地位，是联通生活与工作、联结"成人"和"成才"的独特纽带。高职院校应深刻认识到劳动教育对培养学生综合素质、促进其全面发展的重要作用，将劳动教育融入人才培养的全过程。第二，劳动教育应被纳入整体教育计划，明确教育目标，科学构建课程体系。劳动教育应被作为必修核心课程，与其他核心课程享有同等地位，确保课时充足，不低于规定的16学时。在课时分配上，要均衡规划，合理分配理论学时和实践课时，注重劳动教育理论知识与实践操作的有机结合。通过调整理论学时和实践学时的比例，达到最佳教学效果，促进学生知行合一。

其次，树立正确的劳动教育理念。一是明确劳动教育的系统化。高职院校应围绕高素质技术技能人才的培养目标，将劳动教育与价值导向、知识传递、技能训练和职业素养发展相结合，促进学生形成正确的世界观、人生观和价值观。劳动教育不仅是技能培训和体力劳动，更是培养学生综合素质的重要途径。在劳动教育中，要注重培养学生的创新精神、团队合作精神和社会责任感，实现劳动教育的协调发展。二是开展专题教育。学校应从劳动精神、劳动模范精神、工匠精神等方面开展专题教育，激发学生的劳动情感，明确劳动意义，弘扬劳动精神，坚定劳动认同。在传授必要的劳动知识的基础上，以马克思主义劳动观和中国特色劳动价值观为指导，以实践为出发点，将劳动教育融入教育教学的各个方面。通过邀请劳动模范、工匠大师等进校园开展讲座、交流会等活动，让学生近距离感受劳动的魅力和价值，增强他们的劳动意识和劳动荣誉感。

2.依托课程求实效，更新劳动教育内容

提升劳动教育的实践性。劳动教育应强调"做中学"，通过设计丰富多样的实践活动，让学生在亲身参与中体验劳动的艰辛与乐趣，从而更加珍惜劳动成果，树立正确的劳动价值观。例如，可以组织学生参与校园绿化、社区服务、公益劳动等项目，让学生在实践中学习、成长。实践性是劳动教育的重要特征，劳动教育必须面向实际生活，为学生提供真实的劳动场景和实践机会，引导学生以动手操作为主要方式，在理解实际社会生活的基础上，获得积极而有意义的价值体验。一是开展沉浸式劳动教育：利用VR、AR等现代信息技术，为学生打造场景化、体验化的学习空间，让他们身临其境地感受劳动过程，增强学习的趣味性和实效性。二是实施项目式学习：以专业实践活动为核心，完善实践教学体系，将工匠精神的培养融入生产劳动，让学生在实际生产劳动中获得劳动创造价值的直观感受，增强他们的职业认同感和劳动自豪感，培养不断创新、追求卓越的工匠精神和热爱工作、敬业奉献的劳动态度。以项目为载体，引导学生围绕特定主题或任务进行自主学习、合作探究。通过完成项目，学生不仅能掌握相关劳动技能，还能培养解决问题的能力和团队合作精神。三是加强家校社合作：劳动教育需要家庭、学校和社会的共同参与。学校应加强与家长的沟通与合作，共同营造良好的劳动教育氛围；同时，积极利用社会资源，为学生搭建更广阔的劳动实践平台。

3. 强化队伍增力量，提升劳动教育水平

首先，加强劳动教育队伍建设。一是扩大劳动教育师资队伍规模。加大劳动教育师资引进力度，确保按需配齐劳动教育课程专职教师，特别是必修课程的专任教师。构建"大思政"格局下的全员、全课程、全过程教师体系，整合校内外资源，形成专兼结合的复合型指导团队。充分利用校外资源，聘请企业技术骨干、能工巧匠、劳动模范等作为实践指导教师，提升队伍的专业化水平。二是建立激励机制。提供具有竞争力的薪酬待遇，确保劳动教育教师在薪酬上得到合理回报。设立职业晋升通道，为劳动教育教师提供广阔的发展空间和晋升机会。对在教学和科研方面取得突出成就的教师给予表彰和奖励，增强其职业荣誉感和归属感。

其次，提高教师现代劳动技能水平。一是加强专业培训和研修。鼓励教师参加与新时代产业发展紧密相关的培训，更新劳动教育理念，明确教学目标和内容。定期组织教师参加研修活动，深入探讨劳动教育的新方法、新路径，提升教师的教学能力。二是推动产业实践与技能提升。推行"双师双能"认定制度，鼓励教师同时具备理论教学能力和实践指导能力。深化"访工访学"项目，安排教师到高新技术企业进行实践锻炼，亲身体验现代劳动技能的实际应用。倡导教师参与产学研合作项目，与企业、科研机构等共同开展技术研发和创新活动，提升教师的创新能力和技术应用水平。三是建立持续学习机制。鼓励教师持续学习新知识、新技能，特别是与新兴产业、新技术相关的知识和技能。提供学习资源和平台支持，如在线课程、专家讲座、工作坊等，方便教师进行自主学习和交流。

4.科学评价立准绳，夯实劳动教育成果

首先，建立科学的劳动教育评价体系。课程评价在课程教学中具有诊断、导向和激励的作用，其体系是否健全直接关系到劳动育人的成效。建立科学的劳动教育评价体系必然要回答好谁来评价、依据什么来评价、采用何种方式来评价等问题。其一，要引入多元评价主体。推动学校、社会机构、行业企业等多方参与，形成多主体协同评价机制，实现"校内-校外""教师-学生""专任-兼任""自评-互评"等多维联动。其二，形成考核评价指标。涵盖对学生"学"的评价、对教师"教"的评价以及对课程本身的评价。结合专业特性与课程设置，建立具针对性、有梯度的评价指标和标准。其三，注重定量与定性相结合。关注学生在劳动实践中的情感体验，促进价值内化与认同。依据课程标准和教学设计对学习过程进行评价，同时设置终结性考核项目，开展综合评价。结合显性指标的定量评价和隐性指标的定性评价，实现劳动素养评价目的和效果的有机统一。

其次，加大劳动教育投入力度。劳动教育实施成效是内外共同作用的结果，高职院校要从劳动教育体制建设、教育经费投入等方面强化保障，整合学校、社会各方面力量，形成协同育人格局，探索协同推进路径。一是强化协同机制。立足职业教育规律和管理特征，从制度上夯实劳动教育组织实施工作机制，建构"职能部门-专业院系-教师-学生"四维联动的劳动教育管理机制，形成"课程–教材–课堂"三位一体的课程建设机制，保障劳动教育实效。二是增加经费和资源支持。高职院校应加大对劳动教育的经费投入，改善劳动教育的硬件设施和软件条件。积极争取政府、企业和社会各界的支持，拓宽经费来源。三是优化投入方向。重新审视劳动教育的投入策略，优化投入结构。在继续投入必要的物质资源的同时，加大对人才培养和队伍建设的投入力度。确保物质投入和人才培养、队伍建设之间达到平衡，实现劳动教育的可持续发展。

三、高职学生人文素质监测体系的实践与案例分析

重庆轻工职业学院在学生人文素质教育培养中，将人文素质教育作为独立核心课程，贯穿整个教育过程，并将其纳入专业人才培养方案，占总学分的10%，作为毕业生顺利毕业的评价标准，并从九大方面进行监测。同时，制订了科学合理的人文素质教育培养目标，建立了科学合理评价体系，明确了人文素质培养的总体目标，促进了学生从"要我发展"转化为"我要发展"，实现了高职学生人文素质的自我培养。

（一）人文类必修课

人文素质教育必修课程体系具有全面性和系统性，有助于培养学生的基本人文素养和方法技能。通过合理的评价方法和明确的培养目标，可以确保学生对该类课程的重视和投入，进而提升学生的综合素质和竞争力。课程主要包括思想政治、法律法规、劳动教育、创新创业、职业生涯规划与就业指导、心理健康、信息技术以及文化类课程。培养目标：完成专业人才培养方案中的人文素质课程，并通过考试。考核方法：人文素质教育必修课在人文教育总课程中占10分。每门课程都由相应的任课教师评价，通过所有必修课

得10分，否则不得分。

（二）人文类选修课

人文类选修课由教务处和人文教育学院进行规划，增设相应的选修课程，涵盖思想政治教育、文学、历史、哲学、艺术、自然科学、信息技术等多方面内容。培养目标：完成4门选修课程并通过考试。考核方法：人文素质教育选修课在人文教育总课程中占10分。已完成学习并通过考试者得10分，否则不得分。

（三）人文类知识讲座

学校创办了"轻工大讲堂""知行学堂"，要求学生积极参加学校和教学单位定期或不定期举办的人文知识讲座。培养目标：大学三年内参加至少6场人文素质类讲座。考核方法：人文知识讲座在人文教育总课程中占12分，由活动组织方进行考核，参加1场得2分，否则不得分。

（四）校内文化实践活动

校内文化实践活动是学校为了丰富学生课余生活、提升学生综合素质、增强学生社会责任感和服务意识而组织的一系列活动，如文化艺术节、文艺晚会、社团文化艺术节、"非遗"创作大赛、元旦晚会、演讲比赛、辩论赛、人文知识竞赛、征文评比等活动。这些活动形式多样、内容丰富，旨在通过实践的方式促进学生全面发展。培养目标：大学三年内参加至少6次校内各类文化艺术活动，其中获三等奖及以上奖励的活动不少于2次。考核方法：学校文化艺术活动在人文教育总课程中占10分，由活动组织方进行考核，参与1次得1分，最高参与分为6分，获奖1项得2分，最高参与分为4分。

（五）社会实践活动

学校通过积极鼓励和创造条件，推动学生参与各类社会实践活动，这不仅有助于提升学生的个人文化素质，还能显著增强他们的社会责任感和服务意识。例如，参加"三下乡""乡村振兴"活动、暑期企业实践、志愿者活动和社会兼职活动等。培养目标：大学三年内参加至少3次社会调查或乡村调研活动，提交4000字以上较高质量和水平的调查报告；三年内参加至少3次其他社会实践活动或企业实践活动，实践效果良好。考核方法：社会实践活动在人文教育总课程中占10分，社会调查报告和其他社会实践活动各占5分。"三下乡""乡村振兴"等活动由组织者进行确认和评价；暑期企业实践、社会兼职等由辅导员根据个人提供的相关证明资料进行确认和评价。

（六）经典阅读

学校组织学生成立了经典阅读社团，每学期由社团列出经典阅读图书名单，通过多种形式鼓励和支持学生通过阅读来提升文化修养。例如，学生社团定期举办阅读分享会、故事分享会、经典朗诵比赛、读书主题班会等。培养目标：大学三年内至少阅读6部经典著作，并在每学期班级和学校举办的读书班会和分享会上进行分享，同时，三年内完成3篇2000字以上的质量优良的读书心得。考核方法：经典阅读在人文教育总课程中占10分，具体考核由活动组织方进行。每参加一次读书分享会得1分，每阅读完一部经典原著并提交2000字以上读书心得并合格得1分。

（七）毕业实习（顶岗实习）所在单位评价

学生毕业实习（顶岗实习）作为高等教育的重要环节，不仅承载着理论与实践相结合的任务，还肩负着培养学生综合素质和社会适应能力的使命。这一过程对学生个人成长、职业发展以及学校教育质量的评估都具有深远意义。毕业生所在单位应在实习期间对学生的人文素质进行综合考核，包括专业知识、实践能力、协调能力、职业素养、合作精神、交往能力、创新精神等。培养目标：用人单位评价的目标是毕业实习所在单位对学生的人文素质感到满意。考核方法：本项在人文教育总课程中占10分，考核分为五个等级：优秀9分、良好8分、中等7分、合格6分、不合格0分。

（八）辅导员综合评价

辅导员综合评价是辅导员对学生在校三年期间在生活、学习等方面进行的一项综合性评价。辅导员通过与学生三年的交往，对学生的表现最为了解，因此，在毕业之前，应由辅导员对学生的人文素质进行综合评价。培养目标：辅导员主要从学生的世界观、人生观、价值观和生活态度、心理素质、交流能力和合作精神等方面进行评价和考核。考核方法：本项评价在人文教育总课程中占10分，考核等级分为五个等级：优秀9分、良好8分、中等7分、合格6分、不合格0分。每班成绩优秀的学生不得超过20%，成绩良好和成绩中等的学生不得超过30%。

（九）人文素质综合测试

人文素质定性综合测试在一定程度上能够反映学生的人文素质综合水平，是一项重要的参考标准。重庆轻工职工学院根据《人文素质教育评价指标体系》制订了人文素质综合试题库，在三年级第二学期，由教学单位对学生进行人文素质标准化测试。测试内容主要涵盖思想政治、艺术、文学、历史、逻辑、哲学等方面的人文知识，以及心理素质、日常行为规范、社会交往与人生观、价值观、世界观等方面的人文精神，两项各占50%。培养目标：考核的最终目标是评判学生是否具有广博的知识、是否具有正确的价值观和人生观、是否具有积极的人生态度和良好的心理素质、是否具有一定的交流能力和合作精神。考核方法：综合测试在人文教育总课程中占20分。

总之，高职学生世界观、价值观和人生观的形成以及精神境界和智慧水平的提升，与在校期间人文素质教育的开展有密切的关系。学校应以提高学生的综合人文素质为办学的核心要素，使学生真正成为综合素质高、技术技能强的时代新人。

第四节　数智赋能高职学生人文素质教育评价和监测体系的机理、困境与进路

随着数智技术的迅速发展和广泛应用，教育领域正在经历前所未有的变革。在教育过程中融入大数据、人工智能、移动互联网、区块链等新一代数智技术后，教育形态和组织形式发生了根本性的变革，更为人文素质教育领域带来了新的发展机遇和挑战。要全面深入落实立德树人根本任务，实现全员育人的目标。学生的人文素质教育也得到了党中央的高度重视：习近平总书记在全国教育大会上指出，要全面加强和改进学校美育，坚持以美育人、以文化人，提升学生审美和人文素养。党的二十大报告首次把教育、科技、人才"三位一体"统筹安排，一体部署，并在报告中提出"推进教育数字化"，赋予教育在全面建设社会主义现代化国家中新的使命任务，明确指出要深入贯彻科教兴国战略，通过"推进教育数字化"为人民办好满意的教育。人文素质教育，作为教育的核心组成部分，蕴含着"为人"与"人为"的双重属性，不仅关注人的全面发展，强调对个体品德、情感、价值观的培养，而且注重人的主体性和创造性，鼓励个体积极参与社会、为社会作贡献。在适应时代需求的同时，把握教育规律与技术发展的同频共振，大力推动跨学科、多领域交叉研究，实现线上线下协同，不断提升人文素质教育的质量，为培养具有高尚品德、深厚人文素养和创新能力的人才作贡献。

一、数智赋能高职学生人文素质教育评价与监测的内在机理

连接、数据与驱动是数智化的核心力量。数智化的本质在于建立连接，将线下世界与线上世界紧密相连，并通过数据的采集、分析，驱动决策的智能化执行。作为一个融合大数据、人工智能、移动互联网、区块链等先进技术的创新理念，它致力于通过智能化手段提升各领域的运行效率和决策水平。随着数字智能技术在社会各个领域的广泛应用，教育领域迎来了又一次深层次的变革。

（一）数智技术为人文素质教育的开展创造良好环境

数智技术确实为人文素质教育的开展创造了前所未有的良好环境，极大地丰富了教育形式，提升了教育效果，并使得教育过程更加科学、高效。首先，数智技术的发展优化了高职院校人文素质教育的环境。虚拟技术、网络平台以及智能终端的广泛应用，使得人文素质教育不再局限于传统的教室和教材，而是可以在一个互动性更强、参与度更高的数字环境中进行。这种环境的变化，不仅激发了学生的学习兴趣和主动性，还使得教师能够更加灵活地组织教学，提供更加个性化、定制化的教学内容和方式。其次，数智技术为人文素质教育提供了教学过程的可视化和智能化管理。在智能人文的教育环境中，各种形式的教育工具和方式手段的应用都可以得到有效沉淀和持续优化。这意味着教育者可以更加清晰地了解学生的学习进度和效果，及时调整教学策略，提高教育的科学性和准确度。同时，智能化管理还可以帮助教育者更好地规划和管理教育资源，提高教育效率。最后，大数据技术的应用为人文素质教育提供了宝贵的数据支持。通过采集和分析学生的行为数据，教育者可以更加深入地了解学生的学习需求和兴趣点，以及他们的思维模式和行为习惯。这些数据不仅可以用于精准教学和决策，还可以为人文素质教

育资源的开发和优化提供重要参考。

（二）人机协同为人文素质教育的开展实现形式创新

人机协作是指人与机器协同工作的方式，是人工智能技术发展的重要方向。通过人机协作，我们可以充分利用机器的智能和人的智慧。"在教育领域，人机共生将真正以'超越'的方式实现教育的颠覆性变革。"一方面，在人机协同的教育模式中，机器智能和人类智能得以充分发挥各自的优势并相互补充，另一方面，人机协同还有助于拓展人文素质教育的教学领域。借助虚拟模拟现实、增强现实等技术，我们可以打破时空限制，实现虚拟与现实的统一。这意味着学生可以在虚拟环境中进行跨时空、跨地区、跨场景的实践活动，将抽象的理论知识转化为具体的实践经验。这种沉浸式的学习方式不仅能够提高学生的参与度，还能够促进他们对人文知识的深入理解和应用。同时，教师可以通过整合数字智能技术，采用人机协作的方式，为学生定制合适的实践学习环境。根据学生的学习需求和兴趣点，教师可以利用智能算法和数据分析技术，为他们推荐相关的学习资源和实践活动。这种个性化的学习方式能够满足学生的不同需求，提升他们的学习效果和满意度。

（三）体系规制为人文素质教育的开展提供价值引领

在数智赋能视域下，体系规制在人文素质教育中发挥着举足轻重的作用。它不仅为教育的开展提供了清晰的方向和框架，还确保了教育过程的价值引领和规范性。首先，体系规制有助于确立人文素质教育的目标和规划。其次，体系规制助力建立起人文素质教学体系的规范框架。此外，体系规制还涉及教学评价和管理监督等方面的内容。

当前，人工智能的迅猛发展正深刻地影响着社会的每一个角落，包括人们的思想观念、生活方式以及工作模式。在享受 AI 带来的便利与高效的同时，我们必须保持清醒的头脑，对随之而来的伦理、道德以及社会结构变化保持高度的警觉，并关注和重视"人工智能地位上升，人类智能地位下降"这一问题。同时，还应警惕人工智能的发展对传统人文素质教育工作方式带来的严峻挑战。因此，在数智赋能人文素质教育的过程中，需要依靠科学的规则和管理，确保对 AI 技术的合理使用，同时加强伦理道德教育和人文关怀，培养具有创新精神、人文素养和社会责任感的新时代人才。

二、数智赋能高职学生人文素质教育评价与监测的现实困境

（一）价值引领易受技术限制

尽管利用数智技术构建人文素质教育虚拟场景突破了传统物理环境的限制，创设了更为生动和具体的沉浸式教学环境，但在实际操作中，人文素质教育所强调的价值观和意识形态属性很难通过数智技术实现模块化。这是因为人文素质教育不仅仅是对知识的传授，更是对价值观的塑造和对意识形态的引导。而数智技术，尤其是目前的主流技术，如虚拟现实和人工智能，虽然在创设生动具体的沉浸式教学环境方面有显著优势，但在传递深层次的价值观和意识形态方面仍存在局限性。

如果把这些技术上有局限性的数智技术应用于人文素质教育，有可能引发一定程度的思想危机。现阶段，数智赋能高职院校学生人文素质教育主要存在两点限制。一方面，现有人工智能技术在信息真实性鉴别和信息追溯方面的能力相对薄弱。在大数据时代，信息纷繁复杂，真伪难辨，这给社会主义核心价值观的传播带来了严峻挑战。如果人工智能无法有效区分信息的真实性，那么它传递的内容可能会误导学生，甚至与人文素质教育的目标背道而驰。另一方面，人工智能对文本的理解仍然受到程序和自身机能的限制。尽管其技术已经有了明显的进步，但尚未完全满足高职院校开展人文素质教

育的核心需求。人工智能可以自动获取知识，高效处理海量信息，但其算法设计仍存在缺陷，无法像人类一样理解和运用自然语言的意义维度。这可能导致在人文素质教育过程中，一些重要的术语和概念被误解或简化，从而影响教育的效果。在数智赋能人文素质教育的过程中，我们需要保持清醒的头脑，充分认识到技术的局限性和人文素质教育的复杂性。我们应该注重人机协作，充分发挥人工智能的辅助作用，同时加强对教师的引导和监督，确保教育的价值引领不偏离正确的方向。同时，我们还需要不断探索和创新，寻找更有效的方法将数智技术与人文素质教育相结合，为培养具有高尚品德、深厚人文素养和创新能力的人才作出更大的贡献。

（二）课程主体面临重构危机

"技术至上倾向，也被称为技术决定论……这种倾向虽然看到了技术的社会变革作用，但也带来'重技轻人'的主体性危机。"人的主体性是人的核心特征，它基于人的内在需要，并通过自我选择、积极认知、对外界的改变和自我完善来实现。在人文素质教育中，人的主体性尤为重要，因为它关乎学生的全面发展和自由成长。然而，在数智技术快速发展的背景下，人文素质教育的主体地位面临着被技术边缘化的风险。数智技术的嵌入，虽然实现了技术从"参与"人文素质教育到"整合"人文素质教育的转变，使得人文素质教育的技术化不再局限于与网络的简单连接，但同时也将原先简单的人文素养课由"人—人"关系演变为"人—机—人"的三重交互模式。这种模式的转变，虽然在一定程度上提高了教育的效率和趣味性，但也可能削弱师生之间的直接互动和情感交流，从而对学生的主体性和人文素养的培养产生影响。面对数智赋能人文素质教育带来的挑战和机遇，我们需要保持清醒的头脑，始终坚持人的主体地位，凸显"人"在教育中的核心价值。通过强化师生互动、注重情感交流和凸显人的价值等措施，我们可以更好地培养学生的主体性和人文素养，为社会的全面发展和进步作贡献。

（三）数字鸿沟影响教育公平

数智化既是推动人文素质教育工作发展的新动力，又进一步加剧了"数字鸿沟"。随着数智技术在人文素质教育领域的广泛应用，教育资源分配不均的问题可能进一步恶化。智能系统的运作高度依赖于数据和算法。然而，这些数据和算法往往集中在经济较发达的地区或特定社群，使得这些地区或群体能够更容易地获取和利用数智教育资源。这种资源分配的不平等，不仅加大了欠发达地区与发达地区之间的教育差距，还可能导致教育机会的不平等，使得某些学生无法享受到同等质量的教育服务。同时，我国目前正处于人工智能建设的初级阶段，这意味着我们需要投入大量的资金和资源来建设智能平台、研发教育软件和更新硬件设备。然而，由于教育体系和教学资源的分布不均，以及智能平台的建设成本和维护升级成本较高，欠发达地区的高校在软硬件基础设施建设方面面临着巨大的困难。这不仅限制了这些地区高校教育质量的提升，还可能导致学生无法接触到先进的数智教育技术，从而进一步加剧教育不公平问题。

三、数智赋能高职学生人文素质教育评价与监测的实践进路

（一）坚持立场：弘扬主流价值，确保教育方向

伴随着数智技术的深度发展，以生成式人工智能为代表的数智技术在嵌入意识形态教育后，促使意识形态教育以主流价值观为引领，向多元方向发展。这既是技术发展带来的客观现实，又揭示出数智时代下意识形态教育的发展路径。学生人文素质教育作为社会主义意识形态塑造的重要环节，其教育活动必须以社会主义核心价值观为引领，确保教育活动的正确方向。借助

数智技术的嵌入，可以更加生动、形象地传播社会主义核心价值观，使其深入人心，成为学生行为的准则。因此，在数智赋能人文素质教育评价与监测的过程中，面对技术进步可能引发的意识形态风险，必须充分利用技术潜能确保主流意识形态始终处于领导地位，深入把握数智赋能人文素质教育评价、监测的全过程、各方面。

（二）坚守主线：强调主体地位，维护教育权威

在数智赋能人文素质教育的过程中，坚守主线、强调主体地位并维护教育权威，是确保教育质量和方向的关键。在数智化教育环境中，主体（即学生）与客体（即教育内容、方法等）之间的关系可能因技术的介入而变得复杂。为了避免出现工具化、片面化和割裂化的问题，我们需要深入理解两者之间的内在联系。学生不仅是教育的接受者，更是教育的参与者和创造者。因此，在数智化教育中，应尊重学生的主体地位，鼓励他们积极参与教育过程，发挥他们的主动性和创造性。在数智化时代，人文素质教育中人的主体性正面临重构危机。为了避免这种危机，我们需要充分发挥 "现实的人" 的价值，确保他们在教育中的主体地位。这意味着我们需要关注学生的现实需求和利益，尊重他们的个性和差异，为他们提供个性化的教育服务。因此，坚守主线、强调主体地位并维护教育权威是数智赋能人文素质教育的关键。通过加深对主体与客体关系的理解、确保数智技术的有效利用、形成教育合力、维护 "现实的人" 的主体地位以及维护教育权威等措施，我们可以更好地推动人文素质教育的发展，为培养具有高尚品德和深厚人文素养的人才贡献力量。

（三）立足现实：端正现实本位，实现教育公平

高职院校学生人文素质教育系统作为一个协调联动、深度整合的生态体

系，意味着智能人文素养的开展并非仅局限于教学过程的智慧化，而是要强化多方合作，共建生态体系。因此，在管理上，高职院校需要加强同地方、企业的紧密合作，构建一个以学生思维为中心的资源数据库，并对教育对象进行数字画像，以提高人文素质教育的针对性和精准性。在应用研发的各个层面，应当致力于建设一个能够实现人文素质教育互联互通的智能数据库平台。在构建教育智能数据库平台的过程中，首先需要搭建一个人文素质教育舆论分析平台。这个平台应通过大数据系统进行信息的智能捕捉和解读，从最初的数据采集扩展至舆情观察和数值分析，在人文素质教育的平台构建、智能预测和管理决策等方面起着重要作用。立足现实、端正现实本位并实现教育公平，是高职院校学生人文素质教育系统建设的关键。通过多方合作、资源整合、平台建设以及舆论分析等措施，可以推动人文素质教育的不断创新和发展，为培养具有高尚品德和深厚人文素养的人才贡献力量。

第五章

数智赋能高职学生人文素质教育"四轮驱动"平台的创新与实践

根据所要建立的人文素质教育数智生态系统以及具有"双重沉浸"特征的育人模式，本书提出要建设以人工智能应用大模型为核心驱动力量的高职院校人文素质教育数智大脑应用平台。通过该平台为高职学生人文素质教育教学提供全方位、多维度、多主体参与的教育教学服务，以可用性、易用性、有用性、沉浸性、交互性和适应性等服务特性作为平台构建的发展目标，让更多优质教育资源供给、更多教育方式实现更多创新升级，提高人文素质教育成效，带动教师与学生的数智素养的提升。

第一节　构建两个数智服务中心大脑

智慧教育应用平台的核心构成要素是内容资源和数据信息，所有相关教育教学服务的数智化应用都围绕这两个核心构成要素、以数智技术为支撑进行拓展建设。本书构建的高职院校人文素质教育，仍然是基于这两个核心要素，构建支撑整个数智大脑的智能中心，即知识中心大脑和数据中心大脑。

一、知识中心大脑

知识中心大脑可被理解为人文素质教育的数智资源集成中心，负责整个人文素质教育数智应用系统的教育教学资源提供，是整个系统教育资源提供与应用的基础力量支撑。在本书构建的人文素质教育数智大脑应用平台系统中，知识中心大脑和数据中心大脑是整个应用平台数据采集、数据分析、智能生成和智能决策等功能实现的核心基础。知识中心大脑和数据中心大脑并非两个独立的系统中心，而是相互嵌入、彼此依托，多项功能的实现都需要知识中心大脑与数据中心大脑相互支撑与配合。在两个中心大脑的基础上，设计整个人文素质教育数智大脑应用平台的系统运行与服务底座框架，也即实现人与人、人与资源以及人与技术等链接的云服务框架，实现跟进具体学习情境、提供个性化学习服务的动态适应框架，强调智能生成的人工智能框架以及人机协同开展的督导治理框架，以此实现智能化的教学、学习、考评和管理应用。

当前数智化的教育资源库建设涵盖专业范围广、课程与教学资源种类多，然而实际的数智教育资源应用却并没有达到理想的效果。其问题主要表现为在资源建设方面，数智教育资源良莠不齐，缺乏系统的、结构化的整理和归类，且资源的更新建设难以实现可持续发展；在资源的应用方面，数智教育资源实际应用率难以达到理想效果，其本质除归咎于资源本身的质量外，还存在各种资源太多，难以将特定教育资源对接到具有特定需要的学生一端；在平台应用的建设方面，则体现为数智应用的华而不实，有用性、易用性和交互性等呈现情况较难令人满意，通常只是相关数智教学功能的简单汇集。

基于此，本书针对知识大脑的构建提出以下功能设想：一是最基础也是最核心的知识资源汇聚功能，要求实现优质的、多种传播形式的优质资源高度集成建设，要对数字教育资源的准入门槛做到高标准、严要求、多形式，以提高数字资源的利用率。二是根据不同人文素养培育指标对数字教育资源分领域、分课程进行系统化、结构化的整理归类，并实现资源图谱的可视化分析。三是重视数字教育资源的开放服务，实现共建共享的资源利用生态，通过对不同经验、不同内容、不同功能和不同领域的教育资源实现联通共享，可以形成更大规模的资源库，满足更多教育教学需求，这是高质量教育资源库的建设与应用的价值诉求与持久追求。

二、数据中心大脑

人文素质教育数智大脑应用平台系统本质上是由教育数据信息驱动的一类信息系统，因此，高质量的教育数据信息对教育教学数智化实践的深度、广度和精准度将产生重要影响，是教育数智化转型发展的关键支撑。当前，关于教育数据信息的应用、治理与伦理等研究较为集中，然而，要想在具体的教育实践中发挥教育数据信息的价值潜力，其前提条件在于必须提升教育数据信息的规模和质量，让教育数据信息趋向"成熟化"发展，变得更加易用和有用。当教育的数据信息越发满足前述特点时，这些数据信息在智慧教育实践过程中的教育教学数智化转型、教育的数智化管理与治理方面将会做得越好，越能发挥作用。本部分内容主要从数据设施架构、数据应用能力与数据管理三个层面来探究如何实现教育数据信息的"成熟化"发展，以此架构高职院校人文素质教育的数据中心大脑，以探究数据中心大脑对人文素质教育数智系统应用功能的支撑。

一是人文素质教育数据设施架构。基于境脉引领和具身交互的人文素质教育数智大脑应用平台系统的服务目标导向，人文素质教育数据最终的应用价值要服务于数智教育自适应的、动态交互的精准教学以及教育决策，以引

179

领人文素质教育的数智化转型和高质量发展。因此，数据设施架构离不开大数据、人工智能等新兴的智能信息技术，它们有助于建立数智系统信息基础设施，在此基础上再建立整个人文素质教育数智应用系统，搭建各类数智教育教学平台空间，为智能学习系统、教学数智管理与治理系统的构建提供支撑。二是人文素质教育数据应用能力。仅拥有数据是不够的，还需考虑如何充分应用和挖掘数据潜藏的价值，对数据应用能力的架构主要通过教育数据的收集、存储、分析和应用等功能实现，整个数智应用系统的运作都基于数据应用的能力水平展开。三是数据的管理和应用。除在人文素质教育环境中围绕教师和学生的教与学提供服务，还需设计教育者协同办公、教育决策和督导治理等应用功能，关注教育决策和治理、学情分析以及学习策略的智能优化调节，为境脉学习提供外部的干预支撑。

第二节　建立四个数智底座服务框架

一、数智教育：云服务框架建立

云服务框架的提出是为了打破当前数智教育信息系统之间的"孤岛"状态和信息壁垒，通过多元化数据之间的高度畅通信息，实现有效信息与资源开放、交换、共建和共享。这种模式既有利于智慧教育日趋成熟的可持续发展，亦有利于更高效能地实现数智技术与高等教育的深度融合。本书关于人文素质教育数智大脑应用平台的云服务框架主要面向教学情境过程中的数智教育资源内容应用、教育过程信息数据，以及数智教育资源库建设的云服务提供。关于数智教育资源库建设的开放共享，前文已开展相关阐述分析，此处主要分析具体教学情境中的云服务提供。

具体的学习情境会呈现出两个鲜明特点：一是学习情境的动态变化，二是根据具体情境产生的相关网络的链接。学习情境的动态变化指的是教学活动是一个时刻在发生变化的过程。例如，课程中教学活动的发生主要包含课前的教师备课活动、课中的教学内容展开、课后的教学评价与诊断活动，在这个教学活动不断发展变化的情境中，伴随情境产生的教育信息数据、需要根据具体教学情境自适应提供的教学资源都需要云技术支撑。具体学习情境需要链接的相关网络则是基于对教学情境系统化的考量，也即，每一项教学活动的开展都不是设置了一个与外界孤立的情境，而应将其视作一个与外界、与万物互联的动态网络系统，其具有高度的文化性和情境性。基于前文对境脉理论的相关分析，此处亦可以将教学情境划分为知识网络、人际网络和技术网络三部分，由它们共同组成教学活动开展的共同整体。传统教育"教师—学生"之间具有"点对面"的教育教学特点，而理想的人文素质教育数智实践实现的是"学生—教学情境"之间的学生与所有网络境脉的"点对面"联系，通过智能感知技术和交互技术智能判断学生的学习特征，从而达到对学生精准化的人际、资源和技术的链接推荐目的，服务于人与人、人与资源、人与技术之间更多可能的链接，真正实现教与学活动开展的畅通化和智慧化。

二、数智分析：动态适应框架建立

根据本书"双重沉浸"智慧育人模式的构建发展目标，在云服务框架的基础上，还需构建动态适应服务框架，以满足人文素质教育数智大脑应用平台的交互性、沉浸性的应用特征发展。其交互性和沉浸性的数智教育实践感知建立基础是数智大脑动态适应能力的提供，根据教学情境的推进情况，数智系统基于数据分析不断适应新的情境发展，并实时搜索、组织并智慧化生成尽可能符合教学情境的资源内容，以适应教师与学生的教学实时需要。由此可见，数智大脑应用平台的动态适应服务框架的底层运行逻辑在于信息的实时"反馈"。

动态适应服务主要是利用数据来监测其服务对象的特征及需求，然后通过后续服务满足服务对象需求的技术。由此，动态适应服务得以实现的前提条件是尽可能具备较高质量的资源服务数据库，以及在服务前期和过程中能够不断采集和分析服务对象的行为、需求等信息，从而实现动态适应反馈链路的构建。动态适应服务的特征主要表现为目标导向、流程跟进、高效服务、个性匹配。在数智化人文素质教育实践过程中，通过采集教学活动情境内学生的学习数据，能够基本分析出学生学习的初始状态以及需求倾向，从而形成基本的动态适应服务目标导向；伴随着学习行为的不断发展进行，动态适应服务贯穿于整个学习过程，并实时生成和推荐适合每个学生个体学习特征的学习资源和学习路径，优化资源配置。需要注意的是：其一，在所有环节当中，动态适应服务的反馈响应效率尤其重要，会在较大程度上影响适应服务的体验，包括沉浸感与交互体验的流畅性；其二，资源内容需要注意及时更新与补充，确保提供的资源内容能够适应不断发展的技术环境和学生的人文素质教育需求。

三、数智生成：人工智能框架建立

以人工智能为代表的新一代数智技术是重塑智慧教育生态的有效技术工具。人工智能深刻影响了社会发展，改变了信息生产和传播的形式与样态，改变了教育领域中学生获取知识的渠道、质量和效率，甚至打破了教育教学过程中虚拟环境与现实环境间的壁垒。生成式人工智能在进行新内容的组织与生成，发现新知识、新观点等方面尤其有着巨大的创新空间。在高校人文素质教育数智大脑应用平台的构建中，人工智能框架的搭建必定是其中最鲜明的特色，本部分着重从智能感知、智能分析、智能生成这三个方面探讨人工智能框架的构建。

（一）智能感知

智能感知技术的实现主要是利用智能感知技术对人文素质教育教学过程开展常态化监测。数智大脑应用平台利用可穿戴设备、传感器、眼动仪等智能设施设备构建的智能教学系统将学生与智能系统链接，系统主要通过学生的视觉成像、语言表达内容、面部表情呈现、肢体动作发生、学习反馈以及选择决策等收集信息。在系统进行教育教学智能感知的过程中，收集到的相关教育数据信息可以根据采集内容被划分为肢体动作数据、面部神情数据、声音语言数据、数值数据等数据类型，根据不同数据类型，系统需要进行不同渠道的归类分析存储与运用。其中肢体动作数据主要通过系统相应识别技术对学生在学习情境中的抬头率、阅读时长、交流时长以及使用手机等行为进行识别。面部表情数据通过识别学生面部表情，实时感知学生在学习情境中的情绪变化，如随着学习内容的深入、课程内容的安排与推进，判断学生是逐渐变得"无聊""困倦"还是"兴致高昂"等，系统的实时反馈有利于及时调整教学内容，以及在后续的备课过程中调整教学策略。数值数据则是学生通过智能系统发生的学习行为的数据，如对课程内容的浏览阅读信息、试题测验及考核成绩等数据信息。

对学生而言，亲身参与情境的全身运动具有更强的沉浸感和更高的具身度，从而能让其获得更加深刻的学习体验。当前已有研究开发出了能够实现较高程度智能感知作用的传感器，实现了人–机体感交互，能够采集和识别应用者的肢体动作信息等内容。智能感知技术的实践与应用，亦是实现智能交互应用的基础条件之一。

（二）智能处理

人文素质教育数智大脑应用平台本质上是一个类似于大脑结构的复杂智能教育系统，大脑内部的数据流转与数据安全的调度是支撑整个应用平台运转的关键。在人工智能框架服务建立这一部分，要实现智能化的内容生成，除了在前期采集大量教育数据信息，还需要在中间部分厘清数据和算法的有效交互、治理机制，以更加精准地响应和反馈教育需求，解决教育难题。主要采用"问题导向—数据采集—数据输入—数据分析—需求反馈"的处理流程，以及时针对课堂或课后的教师、学生的教学需求进行智能化处理。

智能处理在人文素质教育数智大脑应用平台中的应用首先体现在对学生学习行为数据的分析处理上，进而便于动态性地提供情境化的学习资源、刻画学生的人文素质教育成长画像，为学生提供针对个体的学习优化智能决策。其次体现在教师和教育管理者的维度投入应用上。对教师而言，可辅助学情分析，了解学生学习进度、目标完成度、学习习惯以及活动参与度等信息，及时掌握学生整体的人文素养培育情况；同时也可以就教师自身的教学情况展开数据分析，进一步优化教学路径。针对教育管理者，则是从更加宏观的角度掌握不同专业、不同年级等维度的学生群体的人文素养发展情况，包括对学生人文素质教育评价体系中不同指标的量化分析结果呈现，以便教育管理者开展教育管理工作。

（三）智能生成

目前我国生成式人工智能通用大模型纷纷落地应用，并在不断地迭代升级，如科大讯飞的星火大模型、抖音AI智能助手"豆包"、秘塔AI搜索、天工AI和通义等生成式人工智能应用大模型正朝着多模态的方向发展。生成式人工智能在推动高等教育人才培养的革新、提升高等教育教师的教学素养以及加强跨学科协同发展等方面产生了广泛的影响。本书关于智能生成功能的应用，其囊括的内容聚焦于学习资源的适应组织与生成、智能化的分析报告生成以及智能辅助决策的内容生成。关于四个部分的具体内容，前文已进行了阐释分析，此处重点强调其构建与应用的标准：①内容质量的真实性、可信度保证，确保智能生成的内容来源可查、科学性有支撑、逻辑清晰、准确深刻。当前部分生成式人工智能应用大模型发展较快，但其内容生成的质量却缺乏一定的可信度保障，存在"虚假捏造"内容的情况。因此，生成式人工智能提供的内容的真实性、可信度的保障尤为重要，同时也需要使用者提升辨别能力；②支持交互，要求可以支持学习过程的实时互动与内容生成，加强多样化的教学场景的深度互动；③符合法律法规、伦理道德、人文关怀以及技术层面的相关标准和规范。

四、数智治理：督导治理框架建立

科学合理地对教育数据资源进行治理是人文素质教育数智大脑应用平台实现高质量运行和发展的关键环节之一。实现数据资源的治理既能保障数智大脑平台的良性运转，又能对各类数智化教育教学应用与技术形成即时反馈，以便改善优化服务体验，同时，其更是加快推进人文素质教育治理方式变革、数智化变革的重要手段。本书将数据资源的治理融入人文素质教育的教育、学习、评价等全过程中，从多角度、多维度实现人文素质教育数据资源的有效治理与应用。

（一）人机协同治理

人机协同是实现教育数智化治理的核心思维。要提高人文素质教育的数据治理效能，关键在于利用智能技术进行人机协同治理，以实现优势互补，让治理思维从"人"向"人机协同"转变，从"人工"向"人工智能"转变，从"经验治理"向"智能治理"转变，让治理机制从"普遍适应"向"精准导向"转变，进而从思维、机制和效能提高等方面推动高职院校人文素质教育的高效发展。

要实现人机协同治理，首先，需要转变传统的教育治理观念，紧跟人工智能的发展趋势，转变数智治理思维，建立人机协同的人文素质教育数智治理框架。人机协同开展人文素质教育的治理除包含多元、多层级的教育教学环节关联者、智能系统外，还需要综合应用行政管理机制等多种手段，达到教育管理者与智能系统交互适配的高度契合，更加高效能地实现合作，以解决人文素质教育的治理问题。其次，从数智技术应用层面和社会关系联结层面实现人机协同的数智治理。在数智技术应用层面，通过大数据、人工智能、交互技术等多种数智技术协同运作的方式，以海量的人文素质教育数据信息为支撑基础，全面参与学生人文素质教育的过程前期图景规划、中期教学应用以及后期反馈评价等过程，强调协调性、合作性和交互性的特征体现。最后，在社会关系联结层面，联动政府、企业、教师等多元主体参与治理，凸显多元主体力量参与的重要性。伴随着人工智能时代的到来，人与智能技术间的交互关系实现了深度整合，传统的治理机制开始发生转变，多中心的、协同合作的教育治理模式，使得人机协同治理体系更加扁平化、开放化。

（二）资源档案管理

对人文素质教育的数据资源实施档案化的分级、分类管理，是提高数据资源检索与应用效能的基础要求，同时亦是高校实现人文数字教育资源体系构建与共享的关键切入点。本书所提到的人文素质教育数据资源主要指高职院校的师生和员工在人文素质教育教学过程中产生的，在各类教育教学、学习、考核、科研乃至管理等工作中直接或间接形成的有利用价值、保存价值的文字、影音、图形或数据等资源的数据集成。

要实现数据资源的档案化管理，首先，需要在人文素质教育数智化转型建设的前期规划设计阶段做好工作，策划和制订数据资源的管理规范，科学合理地制订数据分级、分类、分领域的标准体系，如哪些数据资源应当被纳入管理与治理的范围之内，解构数据资源的特征、建立元数据库、进行结构化分类等；可以将数据资源划分成哪些数据领域类型，如学习资源数据、学生数据、教师数据以及学校不同院部的数据等。其次，需要建立健全档案管理系统的运营和维护制度，策划与设置更多深度应用场景的测试与开发目标，把好资源建设的质量关，开发特色资源。优化数据资源的档案化管理、做好数据资源的统筹规划和分级分类存储、不断丰富资源库建设，支持其基本功能。在数据信息就是利用资源的信息时代，推进特色化发展、实现人文素质教育数据资源建设的内涵发展、加强数据挖掘与用户服务的开发，是提升数据资源档案管理工作效能的高质量发展方向。最后，还需考虑如何实现新旧系统中的数据汇聚融合，尤其是人文素质教育早期产生的纸质文档的数据资源，思考应该如何对其进行数智化转型建设，以丰富人文素质教育的数据资源库。

（三）技术伦理安全

智慧教育开展数智治理最重要的目的之一即是保障教育安全，因此平台数据的安防机制显得尤为重要。在教育数智化转型的发展过程中，隐私与敏感数据的安全性是最基本的安全要求，目前加密、区块链等信息技术基本可以实现安防管理，但数智技术在教育应用过程中可能会产生的技术伦理风险问题以及人文关怀等还有较大的发展研究空间。技术伦理风险在整个社会学研究领域都是较具研究价值的方向，因为，就教育领域而言，对技术的过度依赖可能导致技术伦理的失范。例如，教师对数据分析的过分依赖，可能造成对学生不公平的教育评价；学生对数智资源、智能生成技术的过分依赖，可能导致独立思辨能力、原始创新能力的滑坡；学生对算法推荐的过分依赖，可能导致"信息茧房"诞生，学生的个性化发展被局限在某一特征领域中，限制综合素质的发展。人工智能虽然在尽可能地模仿人的思维和行为方式的方向上不断演进发展，但在具体而又复杂的教育情境中，人工智能仍然难以实现人文关怀。因此，在教育数智化转型快速发展的当今时代，有效化解技术伦理风险、实现技术向善是教育领域面对的共同挑战。

第三节　设计四个数智服务应用中心

一、数智教学应用中心

教学应用的设计是关于人文素质教育数智大脑平台建设的重要功能之一，主要通过以生成式人工智能为代表的人工智能技术协助教师开展教学活动前期备课、中期行课以及后期评价等环节的教学服务。在设计这一部分应用时，首先需要考虑，在智能技术的介入支持下，高职院校的人文素质教育可以开展哪些区别于传统教育的教学服务；其次，针对教学创新，我们的数智大脑平台可以提供哪些适配的应用工具。同时，在建设与应用的过程中，也需提前考虑到应用过程中的必备条件与价值导向。

（一）教学服务的发展创新

1.课程内容的创新变化

传统教学环境中课程内容的建设依赖教案、课程演示文件等教学材料，且有可能会出现一门课的课程内容陆续沿用多次，或将同样的课程内容原封不动地套用于多个班级的情况出现，未结合学生的实际学情进行动态调整变化。在智能技术的介入下，生成式人工智能如今展现出来的强大潜能，给课程内容的建设带来了更多的创新性和可能性。每一门课程所针对的每一个班级，借助智能技术的辅助，可以将其看作一个"教学项目"，采取类似于"项目导向"的教学方式。将每个具体班级的学生视作教研项目的特定研究对象，如何提升学生的知识学习效能则是该教研项目的核心研究问题，然后所有课程内容围绕研究对象与研究问题开展建设，进行教学资源的重新建构。在这个过程中，人工智能是提升课程内容建构效能的重要工具。

2. 教材类型的创新变化

在被数智技术包围的智慧教育环境中，教材的形式已经突破了原有认知对教材的定义，"教材+人工智能大模型智能体"的教材形式逐渐进入教学领域，进入教育者的视野。人工智能大模型智能体主要是指通过人机交互，利用生成文本和跨媒体内容，反馈给使用者所需的信息与内容并执行相关服务的智能软件系统，其具备能够解决复杂问题、实时获取数据源，甚至模拟社交场景的能力与应用优势。由于人工智能大模型智能体能够解决教育领域中的复杂问题，且具有交互性较强的特征，在实时教学过程中，其所能挖掘的潜能远远超越传统价值在教学过程中的效用，或将成为创建和创新教学模式的新兴"数智教材"。

3. 支架式教学策略应用

支架式教学的发展源自维果茨基的"最近发展区"理论和皮亚杰的认知发展理论，其关键在于通过教师在教学过程中为学生建构对知识的理解，搭建"概念框架"，然后将学生引入问题情境中开展独立探索、写作学习等活动，最后逐步建构对知识的理解，以培养学生独立解决问题的能力。生成式人工智能的发展，为支架式教学提供了更加友好、更具备创新空间的发展土壤。教师在合理应用的前提下，能够借助人工智能大模型智能体提供支架式教学中概念框架搭建的思路，并通过与智能体的不断交互反馈，完善与优化教学的概念框架。人工智能大模型智能体在信息资源的"储备"上比人类更具先天优势，因此在协助搭建概念框架的过程中，海量的知识信息能为教师提供更多新方法、新思路，在教学的开拓创新上蕴藏着无限潜能。

（二）教学服务的具体应用

1. 教研备课

优质的备课内容是顺利开展高质量教学活动的关键所在，也是最消耗时间的过程，合理运用智能工具，将基本的材料收集与文本组织工作交给智能工具处理，教师则负责创新思维的输出、指令下达与内容调整优化，这将在较大程度上提升教师的工作效率，让教师将更多时间用在具备创新内容的拓展上，前文提到的教学"概念框架"的搭建、课程大纲的修改及教学目标内容的细化等环节，均可通过当前已有的人工智能大模型智能体协助完成。

在应用人工智能大模型前，首先需要学会设计与人工智能大模型"对话交流"的提示语，提示语的设计质量决定了大模型生成内容的质量，因此提示语的设计也是教师用好生成式人工智能的基本技能。提示语设计即使用者设计提供给人工智能大模型智能体的一段文字或文本的技能，人工智能大模型智能体会根据使用者所提供的文本智能生成回应内容。例如，下文将展示在高职院校中"中华优秀传统文化"人文素质教育课程的备课过程中，如何通过人工智能大模型智能体应用协助备课。

要设计一门课程的支架式教学方案，首先需要进行提示语设计，如我们的备课内容为《中华优秀传统文化》这一教材中"茶文化"的章节内容，则可设计提示语为"我是一名大学教师，我教授的课程是'中华优秀传统文化'，请你针对其中'茶文化'的章节内容，设计一个支架式教学方案"，以下内容是人工智能大模型根据上述提示语自动生成的一个关于"茶文化"的支架式教学方案的示例：

1. 引入阶段（背景知识介绍）

— **目标**：让学生对茶文化有一个基本的了解。

—**活动**：

—观看一段简短的茶文化纪录片或视频。

—讨论茶在中国历史中的地位和影响。

—介绍茶的种类和主要产地。

2. 探索阶段（基础知识学习）

—**目标**：让学生了解茶的基本种类和制作工艺。

—**活动**：

—分组讨论不同种类的茶（如绿茶、红茶、乌龙茶等）的特点。

—通过实物或图片展示茶叶的制作过程。

—邀请学生品尝不同种类的茶，并记录他们的感受。

3. 深入阶段（文化背景探究）

—**目标**：深入探讨茶文化在中国传统文化中的地位和意义。

—**活动**：

—分析茶与诗词、书画、宗教等方面的联系。

—阅读并讨论与茶相关的古诗词。

—通过角色扮演，模拟古代文人雅士的茶会。

4. 应用阶段（实践与体验）

—**目标**：让学生通过实践体验茶文化。

—**活动**：

—组织学生参与茶艺表演或茶道体验活动。

—学习并实践泡茶的基本步骤和礼仪。

—讨论茶艺与现代生活的关系。

5. 反思阶段（总结与反思）

—**目标**：让学生总结学习成果，反思茶文化对个人和社会的影响。

—**活动**：

—学生撰写关于茶文化的论文或心得体会。

—组织讨论会，分享各自的学习体会和对茶文化的理解。

—讨论如何在现代生活中传承和发扬茶文化。

6. 拓展阶段（跨学科学习）

—**目标**：将茶文化与其他学科知识相结合，拓宽学生的视野。

—**活动**：

—探讨茶文化在不同学科中的应用，如历史、地理、艺术等。

—与艺术系合作，设计一次茶文化主题的艺术展览。

—与经济学系合作，分析茶产业对地方经济的影响。

7. 评价阶段（成果展示与评价）

—**目标**：展示学生的学习成果，进行评价和反馈。

—**活动**：

—组织一次茶文化主题的成果展示会。

—邀请专家和学生家长参与评价。

—根据评价结果，调整教学方案，为下一次教学做准备。

教学资源

—茶文化相关的书籍、纪录片、视频资料。

—茶叶样品和泡茶工具。

—茶艺表演视频或现场表演。

—相关学科的专家和学者。

通过这样的支架式教学方案，学生可以逐步深入理解茶文化，并在实践中体验和应用所学知识。

（以上内容由 "Kimi.ai" 智能助手自动生成）

结合给出的设计提示语，人工智能大模型智能体自动生成了关于"茶文化"的支架式教学方案，从教学导入、基础知识学习、文化背景探究等阶段，到应用、反思与评价等阶段，其生成的支架式教学方案的教学逻辑呈现清晰，教学手段多样，层层递进，构建了整个"茶文化"课程教学的概念框架。以此类推，教师亦能够通过与人工智能大模型的交互，完成课程大纲的设计，甚至是修改和细化教学目标等内容。但在具体的使用过程当中，要获得高质量的人工智能生成内容，提示语的设计需要一定的掌握技巧，具体需要注意的要点如下：①要有明确的目标指示，避免含糊不清；②提示语尽可能简洁明了、逻辑清晰，避免复杂冗长的句式和歧义出现的可能；③采用多样化的表达方式，替换不同的语言表达，尽可能让人工智能模型输出不同视角的内容，以丰富多样性；④提供案例，帮助人工智能更好地理解预期内容的形式；⑤遵循道德和法律法规。

2. 智慧课堂

智慧课堂是教师的教学智慧和智能工具价值发挥的耦合，在智慧课堂中，教师和学生共同构成了智慧教学的主体，而智能工具在其中扮演着重要的辅助功能角色。根据前文的相关理论研究和现实支撑讨论，本书中所提及的智慧课堂主要是构建一个通过人工智能应用全程赋能，让教学更具互动性、更加高效的智慧教学课堂环境，具体表现在教学互动、教学资源聚合和实时记录这三方面。

教学互动是智慧教学过程中的重要环节。智能技术起到辅助整个教学活动的顺利推进的作用，如课前一键考勤、课中的随机点答，以协助教师更高效地管理课堂，这些都是最基础和简单的互动环节，难点在于开放讨论、随堂测验等教学内容的互动。教学内容的互动需要生成式人工智能的高度参与，人工智能根据在具体教学情境中采集到的教与学的信息内容，在分析和检索后重新组织随堂试题、研讨话题及答案等教学内容资源的生成。

教学资源的聚合呈现即依靠人工智能系统整合各类人文素质课程资源，包括视频讲座、电子书籍、虚拟实验室、在线讨论区等，涵盖文学、历史、哲学、艺术等多个领域，支持多媒体和互动式学习，需要考虑以下几个关键要素：一是建立多样化的课程资源，确保平台上的内容丰富且多样，以满足不同用户的学习需求；二是注重多媒体与互动性，利用多媒体技术（如视频、音频、动画）增强学习体验，同时设计互动式学习活动，如在线测验、虚拟实验、模拟游戏等，以提高学习的参与度和效果；三是探寻个性化学习路径，通过智能推荐系统，根据学生的学习历史、兴趣偏好和能力水平，提供个性化的学习建议和路径，帮助学生高效地提升自己的人文素养；四是强化评估与反馈，设计有效的评估机制，如在线测试、项目作业、同行评审等，帮助用户了解自己的学习进展，并提供及时的反馈，以调整学习策略；五是保证版权与质量，与出版社、教育机构、独立创作者等合作，确保平台上资源的合法性和高质量，同时设立审核机制，对上传的内容进行质量控制；六是持续更新与创新，定期更新资源库，引入新的课程和技术，保持平台的活力和竞争力，同时关注教育科技的最新发展，不断探索创新的教学模式。

3. AI助教

当前基于语言分析处理和人工智能等技术的各类 AI 系统还在不断发展，现有的应用在教育领域的 AI 系统通常被我们称为 AI 助教。AI 助教已有的功能大致可被划分为两个类型：第一种是协助教师进行教学活动、管理课堂，如教学过程中的数据采集、学情分析、开放讨论、资源推荐等功能；第二种是协助教师处理重复性的认知工作，如作业批改、解答学生知识认知类问题等。在本书中，高职院校人文素质教育数智大脑平台的 AI 助教设计主要从三个层次进行：课前、课中及课后，并对教师与 AI 助教之间人机协同完成的教学行为进行阐述分析。

课前，教师主要在教学内容和教学活动的设计与分析方面发挥主导创造作用，AI 助教则在整个过程中发挥辅助作用，主要协助教师进行教学内容设计的修改，或提供更多教学概念框架、创新思路。基于先天的优势，AI助教比教师拥有更加海量的教育资源库存，因此，AI助教可以在教学资源的检索、组织、重新建构以及个性化推荐的过程中发挥主导作用。课中，教师在人文素质教育知识体系的构建与价值观念的传授、教学评价等教学行为上占据主导地位，AI助教在整个过程中主要负责教学内容的多样态形象呈现、时刻通过数据采集和分析对学生的学习状况及动态进行监测，并及时向教师提供学生的学习进度、知识掌握程度及优化整改策略。这里值得注意的是，AI助教通常较难完成对学生的正向信仰和价值观的引导，这一部分的教学内容和任务仍然需要教师主导完成。课后，教师需要对学生课后的相关学习活动进行设计，如课后教学练习资源的设计、作业的批改等，而这些认知性的课后学习服务通常可由AI助教来主导，包括学习资源的生成推送、作业的批改与意见反馈、学生的学习成效检测与反馈等。然而，在学生人文素质精神方面的涵育、学习情感态度的干预、家校的学情沟通等涉及情感态度、情绪认知及社会交往的内容方面，AI难以替代教师的主导角色。

（三）教学服务的价值导向

1. 教师AI领导力培养

人工智能技术是高职院校人文素质教育数智化转型发展的关键驱动力，而以生成式人工智能为代表的智能技术工具则是实现人文素质教育数智化发展的关键抓手。当前各个高校的智慧教育发展都逐步意识到利用智能技术工具改变教育教学模式的重要性和必然趋势，且当前国内的智能技术教育工具的种类也日益繁多。如何科学并合理地使用智能技术教育工具，成为当下高校教师关注的焦点问题，其中关于教师的"AI领导力"的相关话题逐渐步入教育领域的视野。

教师的AI领导力就是教师通过对人工智能的应用以及带领学生对人工智能的应用，去共同获得更高教学成效、实现教育高质量发展的能力。因此，教师的AI领导力是教师在智慧教育过程中更高效地应用人工智能、挖掘人工智能更大潜力的关键因素。根据相关研究，教师的AI领导力主要可以划分为学习力、决策力、对话力、管教力和创新力这五项核心能力。其中，学习力指教师要时刻关注人工智能最前沿的技术及发展方向，并及时学习和掌握，不断提升自身的数智素养的能力；决策力指教师积极探索人工智能给教育行业带来的变革发展，并能及时紧跟时代的步伐，科学合理地投入应用；对话力指教师与人工智能实现交互、提升人机协作效能的能力，主要表现在与人工智能对话交流的表达能力和引导能力上；管教力指教师引导人工智能正向发展、管教学生遵守技术伦理道德；创新力指教师不能一味地依赖人工智能而滋长思维和教学的惰性，要时刻鼓励创新，养成自身及学生的独立思维、批判性思维和创新思维的能力。

2.重视立德树人教育

在应用数智技术教育工具的过程中，除了要保障工具的有效性与科学性外，还应有基本的原则坚持，这也是开展高职院校人文素质教育的本质所在，既体现人文精神，又重视立德树人教育。无论智能教育技术如何发展，其本质仍然是要以学生发展为本，从学生发展的实际出发，这是所有教学活动及智能技术教育工具改革创新需要围绕的核心，以培养全面发展的人，培育有责任、能担当，具备工匠精神和劳模精神的技术技能人才。

二、数智学习应用中心

（一）人文素养培育知识图谱

知识图谱是一种强大的知识管理和智能应用技术，能够将海量的、分散的信息整合为有机结构，并通过语义关联和推理，实现智能搜索、智能问答、推荐系统等功能，其具备知识颗粒化、关系图形化、体系可视化等显著特征。知识图谱能够通过可视化技术，以网络图谱的形式描述知识及其载体，然后挖掘、分析、构建、绘制并显示知识以及它们之间的相互联系，当将知识图谱应用到知识体系的构建、教学资源的检索、教学数据的分析以及学生评估和推理的新技术中时，其能够帮助教师和学生更好地理解和掌握知识体系。与传统的思维导图相比，知识图谱具备更强的动态交互性，将知识图谱的技术应用到高职院校人文素养九项要素培育的可视化模块中，能使学生人文素养九项要素之间的知识体系与关系脉络更加清晰。通过人文素养要素培育知识图谱的构建，本书的九项人文素养要素得以有序化、结构化和关联化地呈现，形成一张庞大的知识网络，而不是要素彼此之间相互孤立，从而使得教师及学生对自身人文素养的发展方向及途径有更加清晰、立体的认知。

（二）个性化智能学习空间

个性化智能学习空间的建设可建立在人文素养培育要素知识图谱的构建基础上，通过构建知识图谱建立相应的教育资源检索站点，对应的学校课程设置、学习课件、精品课程、录播课、图片及视频、题库等学习资源，均可通过点击知识图谱中的相应节点进入获得，类似于将各类人文素养培育要素资源通过知识图谱的各个节点动态地联系到一起，从而实现人文素质教育的可视化学习路径的建设。学生进入人文素养培育要素知识图谱的可视化空间后，可以清晰看到要培育自身人文素养需要发展的具体素养指标有哪些，并可以通过各个节点之间各种不同颜色的标识，区分各类素养指标间的联系，观察自身各个素养指标的学习进度。学生点击进入知识图谱的相关节点后，即可浏览和学习相关课程及其他学习资源，完成对应节点的学习任务后即可获得相应表示符号。这种学习策略不仅便于学生开展人文素质教育相关知识内容的学习，而且增加了学习的乐趣与获得感，同时还便于教师和教育管理者掌握学生的学习进展、学生人文素养培育的个性化发展路径。

（三）个性化智能发展规划

个性化学习是提升高职学生人文素质和教学效果的关键策略之一，它通过大数据分析和智能推荐系统，为每位学生量身定制学习计划，以满足他们独特的学习需求和兴趣。智能推荐系统可以根据学生的进度和反馈自动调整教学内容和难度，实现精准教学。收集学生的学习行为数据，包括登录频率、学习时间、课程选择、作业提交情况、测验成绩等；同时，也要收集学生的基本信息，如年龄、性别、专业背景、兴趣爱好等。利用大数据技术和机器学习算法，对收集到的数据进行深度分析，识别学生的学习模式、兴趣点和能力水平，预测学生可能遇到的学习难点和兴趣所在。基于数据分析结果，智能推荐系统为每位学生生成个性化的学习路径，包括推荐课程、阅读材料、实践活动等，确保学习内容既符合学生的兴趣，又能挑战其能力边界。系统应具备自我学习和调整能力，根据学生的学习进度、反馈和成绩变化，自动调整推荐内容的难度和类型，实现学习计划的动态优化。为不同基础和兴趣的学生提供多层次的教学材料，确保每位学生都能在适合自己水平的基础上进行学习，避免过难或过易导致的学习挫败感。同时，教师和教育平台应持续监测学生的学习进展，定期收集学生对个性化学习计划的反馈，及时调整教学策略和推荐算法，确保个性化学习的持续优化。定期评估个性化学习对学生人文素质提升的实际效果，包括学习成绩、学习动力、批判性思维能力等方面，根据评估结果进一步改进个性化学习方案。

通过上述步骤，高职院校可以有效实施个性化学习策略，提升人文素质教育的质量和效果，促进每位学生的全面发展和培养他们的终身学习能力。个性化学习不仅能够激发学生的学习兴趣和主动性，还能提高学习效率，帮助学生建立自信，培养适应未来社会所需的综合素质。

三、数智考评应用中心

考评应用是人文素质教育数智大脑应用平台的核心功能之一，本书主要从学生人文素养发展的理论学习考核、活动实践考核、他人反馈评价及针对综合学习情况分析处理形成学生个人成长报告等维度出发，构建人文素质教育数智大脑应用平台的考评应用中心。

（一）理论学习考核模块

理论学习考核模块的内容主要根据学生在人文素质教育相关课程中的学习表现以及学期末的综合成绩进行加权考评。高职院校将人文素质教单独作为一个系列的课程体系群，纳入各个专业的人才培养体系中，在考评中心中设置人文类必修课和人文类选修课的量化考核模块，除了期末成绩的录入，还包括作业考核、出勤考核及期中考核等内容。在人文素质教育理论课程的设计过程中，与人文素养培育要素体系的九项素养指标高度关联嵌合，每一门相关的课程应该都有对应的人文素养培育指标的赋值，完成该门课程的学习则可获得相应人文素养培育指标的分值，获取分值的评判标准根据考核结果进行加权。如此一来，教师和学生在考评系统中既可以掌握学生自身人文素质教育相关课程的学习进度，也可以根据课程学习所获得的人文素质培育素养指标分值在九项要素间的分布和累积增长情况，掌握学生各项人文素养的发展现状以及优劣势所在。

（二）活动实践考核模块

高职院校的教育目的是培育高质量技术技能人才，因此理论教学和实践教学密不可分、同等重要。实践教学的成绩评定在本书所提及的考评应用中心中主要涉及学生的专业实践、社会活动实践、校内文化实践活动、知识讲座等实践学习内容。其中，专业实践更加强调高职学生专业技能、技巧的展现。在考评的过程中专业技能考核固然重要，但是学生在包括专业实践活动的过程中展现出来的综合应变能力、团队精神、职业素养、意志品质以及心理素质等方面的素养也应是考核的重要考量维度，考核过程中需要争取做到多维度的考评综合呈现。例如，在社团活动、知识讲座、创新创业大赛、辩论赛、演讲比赛、志愿者服务等实践活动中，关于学生的人文知识素养、创新素养、科学素养、信息素养、劳动素养和道德素养等综合素养都能在具体的活动实践中得到启发和锻炼，形成无形的润育影响。因此，在活动实践过程中，对所涉及的人文素养培育要素指标的呈现会更加多元，此处亦需对相关活动进行更加精细化、精准化的要素指标赋值，以便在后续考核过程中累积学生要素成长的分值。

（三）他人反馈评价模块

除了量化的考评方式外，本书也结合了质化的考评方式，以多元主体参与学生人文素养成长发展反馈评价的形式，从更加多维、立体且深刻的视角展现学生人文素养成长的轨迹和教育的成效。首先，在参与评价的主体方面，反馈评价模块会涉及任课教师、辅导员、专业实践导师、同学、家长、学生自身以及人文素质教育数智大脑系统的评价，从多个维度全方位地渗透进对学生的人文素养反馈评价中。其次，在评价的内容上，依旧围绕九项人文素养要素体系开展，对接受评价的学生进行每一项人文素养要素的分类评价。在评价的方式上，主要采用定量与定性相结合的方式，定量的方式主要通过教育者设计的结构化的调查问卷，让评价对象在线上逐一填写并提交；定性的方式则是通过教育者设计半结构式访谈提纲，让评价者在线上通过文字或语言描述的方式，结合案例分析评价学生的各项人文素养指标。最后，待所有的评价反馈内容集齐之后，由人文素质教育数智大脑应用平台的智能系统对访谈的内容材料进行语料分析，提取评价观点，综合理论与实践模块的评价内容、对学生在平台上的所有学习行为情况的数据分析，以形成最终的评价报告。

（四）个人成长蓝图模块

个人成长蓝图模块主要包含学生的个性化人文素养培育规划、个人成长画像以及成长路径优化策略三个部分的内容。在个性化人文素养培育规划板块，主要根据学生的不同专业方向，以理论和现实调研为基础，制订专业方向、未来职业发展方向、职业发展需求所强调的人文素养指标培养偏重倾向，并根据培养目标为学生规划详细的人文素养培育发展路径，如必修和选修的人文课程、建议参加的社会实践活动、校园实践活动等内容。在个人成长画像板块，主要依据反馈考评模块的评价结果，实时更新呈现学生自身的个体人文素养培育各项要素指标发展的雷达分布图，以可视化的图像分析直观呈现学生人文素养培育进展，可以清晰观察到学生发展良好的素养指标、发展薄弱的素养指标，以便及时调整学习路径。在成长路径优化策略板块，智能系统基于素养发展雷达分布图，智能生成学生的人文素养发展情况报告，并根据系统采集到的学生学习数据，结合报告内容分析提出学生人文素养发展学习路径与策略的优化建议。

四、数智管理应用中心

数智管理应用中心是针对教育管理者设计的，相关应用主要涉及对教育教学资源的管理、教育教学数据的管理、教学质量及过程的管理、教学智能技术应用的管理这四个板块的管理内容。管理应用中心通过智能技术实现对"人（教师、学生）、数据、技术设备、教学质量"的实时监测与管理，对高校整个学生人文素质教育体系的完整数据流程进行架构，实现数据的采集、处理、存储和流转等统筹管理过程，用人机协同代替人工，用数据治理代替经验治理，在高职院校的人文素质教育过程中形成新的教育管理逻辑闭环，为科学的教育管理决策提供数据支撑及优化方案，实现教育管理工作的效益最大化。

第六章

数智赋能高职学生人文素质教育实践成效

　　重庆轻工职业学院通过实践陶行知先生的教育思想，形成了一套独特的人文教育体系，这不仅体现了对传统教育理念的尊重与继承，也反映了学校致力于培养全面发展的高素质人才的决心。"行知人文教育课堂""轻工人文大讲堂"等项目邀请各领域的专家开展讲座，旨在拓宽学生的视野，提升其人文素养，让学生在专业学习之外，能够接触到更广阔的知识领域，培养批判性思维和终身学习的习惯。而对"感恩教育、礼仪教育、劳动教育、生活教育"的长期坚持，则是在塑造学生良好的个人品质和社会责任感。这些教育活动能帮助学生理解并实践社会规范，学会感恩与尊重他人，同时强调劳动的价值和生活的技能，这些都是成为一个有道德、有能力的公民所必需的素质。"千教万教，教人求真，千学万学，学做真人"体现了教育的核心目标是引导学生追求真理，学会做人；"捧着一颗心来，不带半根草去"则表达了教师无私奉献的精神，以及对学生全身心投入教育的期望。

　　整体来看，重庆轻工职业学院的人文素质教育模式注重人的全面发展，强调理论与实践相结合，人文与科技并重，旨在培养既有专业知识技能，又具备高尚人格和社会责任感的新时代人才。

第一节　成果应用效果明显，人才培养质量显著提升

数智赋能高职学生人文素质教育是指通过数字化、智能化技术的应用，提升高等职业教育中学生的人文素养、文化素质和综合能力的过程。这种教育模式强调利用现代信息技术手段，如人工智能、大数据分析、虚拟现实、在线学习平台等，来优化教学过程，提升教育效率和质量，同时促进学生在情感、道德、审美、社会交往等非认知领域的发展。数智赋能高职学生人文素质教育的成果应用效果明显，它不仅提升了学生的人文素养和专业技能，还增强了他们的就业竞争力，促进了终身学习习惯的养成，为社会培养了一批德才兼备、全面发展的人才。

一、文化育人促进发展，学校各项事业再上台阶

重庆轻工职业学院的文化育人策略对其各项事业的发展起到了显著的推动作用。通过重视文化建设，学校不仅在规模和实力上实现了扩张和增强，还获得了多项国家级和市级的奖项与荣誉，这表明学校在职业教育领域的影响力和贡献得到了广泛认可与肯定。

成为教育部应急安全智慧学习工场项目试点学校和"1+X"证书试点院校，意味着学校在教学模式创新、职业技能培训方面走在了前沿，能够为学生提供更加贴近行业需求的教育，提高其就业竞争力。而作为工信部大数据产业人才基地，学校在新兴技术领域的人才培养上具有优势，有助于学生掌握前沿技能，满足市场对大数据专业人才的需求。获得职业院校服务全民终身学习项目实验学校的称号，表明学校在终身教育和继续教育方面进行了积

极探索，为社会成员提供了多样化的学习机会，促进了知识更新和技能提升。此外，被评为重庆市绿色学校建设示范学校，体现了学校在环境保护和可持续发展方面的责任和努力，绿色校园建设不仅改善了师生的学习生活环境，也增强了他们的环保意识。

学校在党建方面的工作也得到了高度评价，如《构建党建"六引领"机制 推动学校高质量发展》入选第三届全国职业院校党委书记论坛优秀案例，以及创建重庆市首批新时代高校党建"双创"样板支部，表明学校在加强党的领导、提升组织效能方面有着扎实和显著的实践成果。该校人文教育学院被评为"重庆高新区青年文明号集体"，则是对学校在人文教育、青年人才培养方面工作的认可，进一步彰显了学校在人文素质教育上的特色和成效。

综上所述，重庆轻工职业学院通过文化育人的策略，在提升教学质量、促进学生全面发展、加强师资队伍建设、深化产教融合等方面取得了显著成效，为职业教育的创新发展树立了典范。

二、成果产生广泛影响，获重庆市多位专家肯定

经过多年的创新与实践，重庆轻工职业学院打造建设的数智化平台，为学生提供了丰富的在线课程和资源，包括文学、艺术、历史、哲学等人文社科领域的多媒体材料，使学生能够在课堂之外自主学习，拓宽知识视野。学校利用数智工具如虚拟现实、增强现实和远程视频会议系统，增加了师生之间的互动，使学生能够更深入地参与学习讨论。学校建设的智能学习系统可以根据每个学生的学习进度和兴趣定制学习路径，帮助学生在人文素养方面进行个性化提升。数智化项目如数字博物馆、虚拟文化遗产游览等，让学生有机会在虚拟环境中体验和探索文化，加深对人文知识的理解和欣赏。通过数智技术，学生可以创作数智艺术作品、参与在线人文竞赛或项目，从而培

养他们的创新精神和实践能力。

学校通过改革创新，实现了跨越式的发展，成绩显著。通过数智赋能，学生能够接触到更广泛的文化知识，提高了人文素养、创新能力和跨文化交流能力。数智技术的应用使得教学更加生动有趣，提升了学生的学习兴趣和参与度，教学质量和效率得到显著提高。重庆市多位领导同志的批示以及重庆市社会思想动态研究中心等单位对成果的采用，表明了社会各界对重庆轻工职业学院在数智赋能高职人文素质教育方面所做工作的高度认可。教育部职业院校文化素质教育指导委员会副主任王官成教授认为，该成果"依托多个市级重大、重点教改细分项目进行了多年的探索与实践，取得了一系列阶段性教学成果，可复制、可借鉴、可推广，对推动职业教育教学改革，培养更多具有人文精神和工匠精神的技术技能人才提供了范例"。重庆市高等教育学会会长严欣平教授认为，该"项目基础扎实，要解决的问题聚焦，解决问题的方法路径清晰，有实践、有创新、有应用"。重庆市高等职业技术教育研究会会长任波教授认为，该成果"理念先进，方法创新，设计科学，实施有效。很好地解决了高职学生人文素质教育数智化转型的一些痛点和难点问题"。

三、成果应用效果鲜明，学生综合素质显著提高

在过去的五年中，重庆轻工职业学院的学生积极参与了重庆地区的一系列社会服务与教育活动，这些活动不仅丰富了学生的实践经验，也展现了他们在社会责任感、专业技能和个人品德方面的卓越表现。

（一）开展社会公益活动，丰富学生实践经验

1. 参加精准扶贫

学校通过暑期"三下乡"活动以及社会实践，让学生走进基层，深入一线，亲身体验农村贫困地区的生活条件，与当地居民交流，了解他们的需求和困难，这对于培养学生的同理心和社会责任感有着不可替代的作用。通过实地考察，让学生直观感受到国家扶贫政策的实际效果，理解政策制定的必要性和紧迫性。学生通过开展课外辅导、兴趣班、科普讲座等形式，帮助当地儿童和青少年提升学习兴趣，掌握基础知识，开拓视野。这种教育帮扶不仅有助于提高孩子们的学业成绩，还能激发他们对未来生活的憧憬和规划。针对成人，尤其是青壮年劳动力，学生协助组织职业技能培训，如食品加工技术、手工艺、电子商务等，帮助他们掌握一技之长，提高就业或创业能力，从根本上增加收入来源，实现自我脱贫。学生组织物资募捐，收集衣物、书籍、学习用品等，直接送到需要的家庭手中，解决他们的燃眉之急。此外，学生还可以参与改善居住环境、卫生设施等项目，提升当地居民的生活质量。通过组织文艺表演、心理健康讲座等活动，丰富当地居民的精神文化生活，缓解他们的心理压力，增强社区凝聚力，营造积极向上的社会氛围。总之，通过这样的实践活动，高职学生不仅能够为贫困地区带去实实在在的帮助，也能在实践中学到书本上学不到的知识，增强解决复杂社会问题的能力，为将来步入社会打下坚实的基础。同时，这也是一种双向赋能的过程，学生在服务他人的同时，自身的人文素养、道德品质和社会责任感也将得到显著提升。

2. 投身疫情防控

在新冠疫情期间，重庆轻工职业学院的学生积极响应政府号召，投身疫

情防控工作，展现了青年一代的责任感和担当精神。学生们利用社交媒体、学校官网、微信公众号等线上平台，发布权威的疫情信息和防控指南，帮助公众了解病毒传播途径、防护措施等；创作与防疫相关的短视频、漫画、海报等，用生动有趣的方式普及健康知识，提高公众的防疫意识；在社区入口处协助工作人员进行体温测量、健康码查验，做好外来人员的登记工作，防止疫情输入；为隔离人员或行动不便的老年人提供生活必需品的配送服务，保障他们的基本生活需求；参与社区公共区域的消毒工作，降低病毒传播风险；设立线上心理咨询平台，利用自己的专业知识为受疫情影响产生焦虑、抑郁等心理问题的个体提供倾听、安慰服务和专业指导。通过上述行动，重庆轻工职业学院的学生不仅在疫情防控中发挥了重要作用，也为社会的稳定和发展作出了贡献。他们的行为充分展示了青年一代的智慧、勇气和团结精神，为未来的社会建设积累了宝贵的经验和力量。同时，这也是对他们自身能力的一次锻炼，提升了他们的社会责任感、团队协作能力和应急处理能力。

3. 参与公益实践

参与公益实践是青年学生展现社会责任感和公民意识的重要方式。学生通过各种公益活动，不仅能够为社会作出实际贡献，还能在实践中学到团队合作、领导力、沟通技巧以及解决问题的能力。在学校开展垃圾分类的宣传活动中，学生教育公众如何正确分类垃圾，并设置回收点，促进资源循环利用；参与或组织植树活动，增强绿化意识，保护生态环境；组织志愿者清理河流、湖泊周边的垃圾，保护水资源不受污染；定期前往敬老院陪伴老人，提供情感支持，帮助他们进行日常活动，丰富他们的晚年生活；在幼儿园或社区中心举办故事讲述和手工艺教学活动，促进儿童的创造力和社交技能发展；参与或支持改善公共场所的无障碍设施，使残疾人士能更方便地融入社会；应急管理专业的学生可以利用所学专业知识，走进社区街道，宣传应对灾害的自救知识，提升公众的自救互救能力。通过这些公益实践活动，青年学生不仅能够亲身参与社会服务，还能够在过程中学到很多在课本上学不到的知识和技能，对于塑造积极向上的社会风气具有重要意义。同时，这些活动也促进了跨代际、跨文化的理解和尊重，增强了社区的凝聚力和向心力。

4.参与乡村振兴

参与乡村振兴是当代学生为社会作贡献、实现个人价值的重要途径之一。乡村振兴战略是中国政府为解决"三农"问题、推动城乡融合发展、促进农业农村现代化而提出的重要政策。重庆轻工职业学院乡村振兴学院通过多种方式，让学生参与当地乡村振兴战略，不仅能够帮助乡村发展，还能在实践中提升自身的综合素质。学生组织或参与民乐、书法、剪纸等传统文化进村活动，丰富村民的精神文化生活，同时挖掘和保护当地的文化遗产。协助村庄打造特色文化品牌，如民俗节庆、非遗展示等，吸引游客，促进乡村经济发展；帮助乡村建立电商平台，推广农产品线上销售，同时提供信息化培训，如智能手机的使用、网络营销等，缩小城乡数字鸿沟；结合乡村自然景观、历史文化资源，设计旅游路线，开发特色民宿、农家乐等旅游产品；开展老年人关爱、留守儿童教育、残疾人帮扶等社会服务项目，构建和谐乡村社会。通过这些方式，学生不仅能够为乡村振兴贡献力量，还能在实践中学到跨学科知识、团队协作能力、项目管理经验等，为未来职业生涯奠定坚实的基础。同时，这种参与也能培养社会责任感，有助于塑造有理想、有本领、有担当的新时代青年形象。

（二）举办人文教育活动，提升学生人文素养

学生可以广泛参与学校举办的人文大讲堂、知行学堂和知行农场，这是学校为提升学生人文素养、理论实践结合能力以及生态环保意识所采取的重

要举措。这些活动不仅丰富了学生的校园生活，而且在多方面促进了学生的全面发展。

就人文大讲堂而言，人文大讲堂是学校为了拓宽学生视野、提升人文素养而搭建的高端学术交流平台。通过邀请知名学者、艺术家、文化名人等进行专题讲座，学生得以近距离接触不同领域的专家，聆听前沿思想，感受文化魅力。这些讲座涵盖文学、艺术、哲学、历史等多个领域，有助于学生形成多元化的世界观，激发批判性思维，培养深厚的人文情怀。

就知行学堂而言，知行学堂是学校开设的特色课程，其核心理念在于"知行合一"，即强调理论学习与实践操作的紧密结合。学生在知行学堂中，不仅能够深化对理论知识的理解，更重要的是学会将这些知识应用于解决实际问题。例如，学生可以参与项目式学习，解决校园内的实际问题，或者在实验室、工作室中进行动手实验，将抽象概念转化为可见成果。这种学习方式有利于培养学生的创新思维、团队合作能力和解决复杂问题的能力。

就知行农场而言，知行农场作为一个实践基地，为学生提供了亲身体验农业生产和生态环保的机会。学生可以在这里亲手种植作物、参与养殖活动，学习农业知识，也能够深刻体会到劳动的价值和自然环境的重要性。通过参与耕作、养护、收获等一系列农业活动，学生不仅能够掌握农学的基本技能，还能培养对土地的深厚感情，增强环保意识，学会尊重自然规律，理解可持续发展的意义。

这些活动不仅充实了学生的大学生活，也体现了现代教育理念中对人文关怀、实践能力和生态保护的重视。通过这些平台，学生能够在知识、技能和情感层面得到全面提升，为将来成为有责任感、有创新精神、有实践能力的社会栋梁打下坚实的基础。

（三）取得荣誉与成就，凸显学校改革成效

重庆轻工职业学院对数智赋能高职学生人文素质教育的创新与实践是从2013年开始探索的，2019年后重点推进，依托《基于全面发展的高职院校学生核心素养评价体系构建研究》《数字化转型背景下重庆高校大学生人文素养评价体系探索与研究》《数字化赋能职业教育高质量发展研究》等10余项部级、重庆市级重大与重点项目，通过实施具身交互与境脉学习的"双重沉浸"育人模式，构建了要素体系、评价体系、监测体系的"三环交互"育人机制，打造了数智教育、分析、决策、监测"四轮驱动"技术平台，促进高职院校人文素质教育与数智化高度耦合，实现了高职学生的人文素养与人文精神育成。

通过五年的创新与实践，学校培养了一大批具有人文精神、工匠精神的技术技能人才。学生荣获重庆市"志愿服务活动先进个人""精神文明建设先进个人""创新能力提升先进个人"荣誉称号，共计252项，这反映了学生在志愿服务、道德品质、创新思维等方面的突出表现；荣获重庆市"优秀学生"称号60项，表彰了那些在学业成绩、综合素质等方面表现优异的学生；在各级各类演讲、诵读、辩论、技能等竞赛中，学生获得了超过500个奖项，展示了他们在沟通表达、逻辑思辨、专业技能上的高水平；学校"轻青向日葵"法治宣讲团与"蒲公英义工队"被共青团重庆市委评为"优秀团队"，这两个团队分别在法治教育和志愿服务领域作出了显著贡献，得到了上级部门的高度的认可。

综上所述，过去五年间，这些成就不仅体现了重庆轻工职业学院的学生在个人和集体层面上的成长，也反映了学校在推动教育改革、促进学生全面发展方面所付出的努力。通过这些活动，学校不仅传授了知识，还培养了学生的社会责任感、创新能力和团队协作精神，为社会输送了具有高度公民意识和专业技能的优秀人才。

第二节　成果产出丰硕多样，获得社会各界广泛认可

数智赋能高职学生的人文素质教育的丰硕成果与多样化表现，标志着教育领域在新时代背景下的创新与变革达到了一个新的高度。这一成就的取得，既是对教育者追求培养全面人才理念的有力体现，也是社会对高质量教育成果广泛认可的直观反映。数智赋能高职学生的人文素质教育，是教育现代化进程中的重要里程碑，它不仅展现了教育领域的创新与变革，也为培养适应未来社会需求的高素质人才开辟了新的路径。

一、轻工现象初步显现，突破性进展受瞩目

重庆轻工职业学院在2024年的教育革新和人文素质教育上的突破性进展引起了社会广泛关注，并被主流媒体赞誉，其背后是一系列综合性的教育改革措施和创新实践。

（一）增强学生人文素质，引领高等职业教育潮流

2024年4月，《重庆日报》以《向新而行 逐质而攀 重庆轻工职业学院 书写新时代职教"大有作为"的奋进之章》为题的报道，强调了学校在新时代职业教育中展现出的"大有作为"。这一表述意味着学校在面对国家对职业教育的新要求时，能够主动适应并引领潮流，通过高质量的教育供给，回应经济社会发展对高技能人才的需求。学校在迈向高质量发展阶段的过程中，采取了增值赋能的策略。这意味着学校不仅注重提升学生的专业技能，更重视培养学生的综合素质，包括创新能力、批判性思维、终身学习能力等，以增强学生在未来就业市场中的竞争力。

（二）创新人文素质教育，提升高职学生综合素养

学校的人文素质教育不仅仅停留在理论层面，而是通过一系列创新的教学方法和实践活动，让学生真正体验并理解人文精神价值。例如，通过跨学科课程、项目式学习、社会实践等方式，促进学生对人文知识的理解和应用。2024年5月，"新华网（重庆频道）"在《数智赋能教育创新 拓宽人才培养空间——对话重庆轻工职业学院》的专题报道中，充分肯定了学校在数智赋能人文素质教育方面的实践效果。报道提及了学生在人文素养方面的显著提升，比如学生的道德素养、法律素养、文化素养、科学素养、审美素养、劳动素养、信息素养、创新素养等，以及这些提升如何反哺到专业学习和社会实践中，形成良性循环。

（三）提升学校舆论影响力，促进高等职业教育发展

《重庆日报》《德育报》、新华网、重庆电视台（重庆新闻联播）、重庆教育网、华龙网、搜狐网等多家媒体对重庆轻工职业学院的报道，不仅体现了社会对学校改革成果的认可，也反映了媒体对职业教育发展趋势的关注。这些报道有助于提升学校的社会影响力，同时也为其他职业院校提供了可借鉴的范例。正面的舆论影响吸引了更多优质生源，提升了教师的职业自豪感，这进一步激发了学校的创新活力，形成了正向反馈机制，持续推动学校向着更高目标迈进。

（四）实现跨越式的发展，打造高职教育人文环境

学校全方位改革、多角度创新、跨越式发展的高职学生人文素质教育成效被多家媒体誉为"轻工现象"。"轻工现象"首先体现在学校的全方位改革上，包括但不限于教学模式、课程设置、师资队伍、校园文化建设等方面。学校通过这些改革，构建了一个有利于学生全面发展的人文环境。在创新方

面，学校不仅在教学内容和方法上寻求突破，还在教育理念、管理模式、对外合作等方面积极探索，形成了独特的教育生态。学校在短时间内实现了教育质量和影响力的大幅提升，这种跨越式的发展模式，体现了学校领导层的远见卓识和全体师生的共同努力。

总之，重庆轻工职业学院的"轻工现象"是其在教育改革、人文素质教育、高质量发展等方面的综合性成果的体现。这一现象不仅彰显了学校在新时代职业教育中的先锋角色，也为我国职业教育的未来发展提供了宝贵的经验和启示。通过持续的创新与实践，学校不仅提高了自身的教育质量，还对整个社会产生了深远的正面影响，展现了职业教育在培养复合型人才、服务地方经济、传承文化等方面的重要作用。

二、成果全面推广应用，示范性作用促发展

（一）强化高校间的交流合作，促进教育资源共享

重庆轻工职业学院在人文素质教育方面的创新实践不仅受到了本地高校的关注，重庆工程职业技术学院、重庆文理学院等院校来访考察后，还将重庆轻工职业学院的成功经验融入自己的教育改革实践中，这表明了学校在人文素质教育中的探索和成果具有广泛的示范效应和可复制性，得到了同行的认可。这种交流不仅促进了教育资源的共享，还加强了不同院校之间的联系，为构建更为开放和协作的教育网络奠定了基础。

（二）推进联盟化的改革试点，共同推进教育创新

加入"一带一路"暨金砖国家技能发展国际联盟，意味着重庆轻工职业学院有机会与全球范围内的教育机构进行合作，共同探讨和解决职业教育面临的问题，推广人文素质教育的重要性，尤其是在数智时代背景下，如何平

衡技术技能与人文素养的培养这一问题。通过参与西部（重庆）科学城校地统战联盟的地方联盟，学校能够更好地与地方政府、企业和其他教育机构协同工作，共同推进教育创新，特别是针对地方经济和社会发展的需求，培养更多具备人文素养和职业技能的人才。

（三）推介人文素质教育经验，促进教育理念传播

重庆轻工职业学院通过各种平台和渠道，分享其在数字时代背景下高职学生人文素质教育的实践和成果，如在重庆市高职学生人文素质教育工作座谈会上的交流发言，引起了广泛认同和强烈反响。这种推介有助于提升学校在全国和区域内的影响力，同时也为其他院校提供了有价值的参考案例，促进了人文素质教育理念在全国范围内的传播和应用。

重庆轻工职业学院在人文素质教育方面的探索，不仅提升了学校自身的教育质量，还对整个教育行业产生了积极的影响。通过高校间的交流合作、参与国际和地区联盟，以及分享与推介经验，学校不仅扩大了自身的影响力，还为构建更加开放、包容和高质量的教育生态作出了贡献。

此外，学校的做法响应了国家关于职业教育与继续教育改革的精神，强调了在快速发展的数字时代中，人文素质教育对于培养学生全面能力和促进社会和谐发展的重要性。这不仅有助于提升学生的综合素质，也为社会输送了更多具备良好人文素养的技术技能人才，进而促进了经济的可持续发展和社会文明的进步。

结束语

　　高职院校的核心使命在于追求知识、真理和智慧，同时培养能够进行批判性思考并助力社会进步的公民。高职院校的这种角色不仅体现在科学研究和技术革新上，更重要的是它承载着人文精神的传承与发扬。人文素质教育是高职院校教育的基石，它超越了狭隘的职业培训，旨在培养学生的道德观念、审美情趣、批判性思维和社会责任感。在历史的长河中，无论是西方的自由教育、普通教育、通识教育，还是东方儒家教育所强调的"学礼"和"立德"，人文素质教育都致力于培养学生成为有道德、有教养、有同情心和有创造力的个体。

　　在中国的传统教育理念中，人文素质尤为突出。《论语》中的名言"不学礼，无以立"，反映的是对个人品德和社会行为规范的重视。通过学习经典文献、哲学思想、文学作品、历史事件等，学生可以深入理解人类共同的经验，增强对多元文化的认识和尊重，学会在复杂多变的世界中做出有意义的选择。高职院校人文素质教育的目的在于通过道德教育和人文知识的传授，培养学生具备深厚的人文素养和人文精神。这意味着不仅要掌握丰富的文化知识，还要能够运用这些知识去理解自己和他人，去思考和解决现实生活中的问题。人文素质教育鼓励学生发展批判性思维，学会从不同的角度审视问题，培养同理心，关心社会福祉，为实现个人和社会的和谐发展作出贡献。因此，高职院校人文素质教育的作用不可小觑，它不仅关乎个人的成长，更关系到社会的进步和人类文明的未来。在快速变化的现代社会，高职院校人文素质教育显得尤为重要，它能帮助我们保持对人性的深刻洞察、对社会的深切关怀，以及对美好未来的无限憧憬。

　　数智化时代的到来确实为高职院校教育带来了前所未有的机遇与挑战，

尤其是在人文素质教育领域。信息技术的快速发展改变了信息获取、交流和传播的方式，为教育创新开辟了新路径。人工智能、在线教育、远程学习、虚拟实验室、大数据分析等技术的应用，使得教育更加个性化、灵活化，有助于提升教育质量和效率。同时，数智化工具也为跨文化交流、全球合作提供了平台，拓宽了学生的全球视野和增强了学生的多元文化理解力。然而，数智化时代的挑战也不容忽视。一方面，信息过载可能导致知识碎片化，影响对深度学习和批判性思维的培养；另一方面，人与人之间的直接交流减少，情感联结和社交技能可能会被削弱。此外，过度依赖技术也可能导致人文素养的淡化，人们在追求效率和实用的过程中，可能会忽略对美、善、真的人文追求。面对这些挑战，高职院校需要采取积极措施，以确保人文素质教育的核心价值在数智化时代得到传承和发展。将学生视为教育过程的中心，关注其全面发展，包括情感、道德和审美等方面的成长；整合人文教育内容，使其与数智技术相辅相成，如开设数智人文课程，让学生了解如何在数智化环境中应用人文知识和技能；利用数智化工具增强教学效果，但同时也要避免技术滥用，确保技术服务于教育而非主导教育；在课程设计和教学方法中融入情感教育元素，如小组讨论、社会实践等，促进学生之间的情感交流和团队协作；创建一个有利于人文素养培育的物理和虚拟空间，如举办文化活动、艺术展览、讲座论坛等，营造浓厚的文化氛围；不断探索教育的新模式和新技术，同时保持对人文价值的坚守，确保教育的内涵与形式同步发展。通过上述策略，高职院校可以更好地应对数智化时代的挑战，促进人文素质教育的创新与发展，培养出既有科技素养又有人文情怀的复合型人才，为社会的持续健康发展贡献力量。

数智化时代作为人类社会发展的一个重要阶段，确实代表了科技与文化的交汇点，它不仅加速了信息的流动，也促进了全球化的进程。然而，人类社会的演变是一个连续的过程，充满了未知与可能性。在这个过程中，人文素质教育承载着对真理、正义、美和善的追求，以及对人类命运的深切关怀。它鼓励人们质疑现状，追求理想，不断地挑战自我和社会的极限。人类的精神和创造力的无限性意味着，无论科技如何进步，人类对更高层次的自由、智慧和道德的追求永远不会停止。这种超越性体现在人类对艺术、哲学、宗教、科学等领域的不懈探索中，这些领域构成了人文素质教育的基石。高职院校作为知识的殿堂和创新的源泉，扮演着传承和发扬人文精神的关键角色。无论在哪个时代，高职院校都是培养未来大国工匠、劳动模范的摇篮，它的存在不仅是为了传授专业知识，更是为了塑造具有批判性思维、道德责任感和人文关怀的公民。高职院校人文素质教育的使命在于教会学生如何独立思考、如何分析和评估信息、如何形成自己的观点。这种能力对于在信息过载的时代中区分真假、做出明智决策至关重要。教育学生理解道德原则，培养正义感和同情心，使他们成为有道德责任感的个体，能够在社会中发挥积极作用。激发学生的想象力和创造力，通过文学、艺术、音乐等形式，让学生能够表达自己的情感和思想，理解人类的多样性和复杂性。

总而言之，数智赋能高职院校人文素质教育的探索没有终点，它是一个不断自我更新和提升的过程，旨在培养具有全面人文素养的个体，使他们能够面对未来的不确定性和挑战。无论是在数智化时代，还是在未来的任何时代，高职院校人文素质教育都将持续承担其社会责任，为社会输送既有专业技能又有深厚人文底蕴的公民，推动人类文明的持续进步。在这个过程中，数智赋能高职院校人文素质教育就像一盏永不熄灭的明灯，照亮着人类前行的道路，指引着我们探索未知，追求真理，实现自我超越。

后　记

本书是 2024 年重庆市职业教育教学成果培育项目《数智赋能高职学生人文素质教育研究》、2024 年重庆市教委教育综合改革第十批试点项目《数字赋能习近平文化思想融入高职思政课教学改革研究》（项目编号：24JGSY34）、重庆市高等教育学会 2023—2024 年度高等教育科学研究课题重点项目《数字化转型背景下重庆高校大学生人文素养评价体系探索与研究》（项目编号：cqgj23073B）、重庆市高等教育学会 2023—2024 年度高等教育科学研究课题《重庆高校教师数字化教学能力提升路径研究》（项目编号：cqgj23314C）、重庆市教育科学"十四五"规划 2023 年度规划课题《教育数字化转型背景下重庆市职业院校人文素质教育评价体系的构建研究》（项目编号：K23YG3330249）、2024 年度市教委人文社会科学研究项目《习近平文化思想的时代价值研究》（项目编号：24SKGH440）成果。

重庆市高职高专人文素质教指委副主任、重庆轻工职业学院校长兰刚教授负责全书核心研究思想及研究思路的策划、大纲拟定、全书的审稿与定稿工作，重庆师范大学经济与管理学院何军副教授协助兰刚教授工作，并负责第三章内容的撰写；重庆轻工职业学院马克思主义学院汪权老师负责第一章、第二章第二节、第四章第一节、第六章、结束语和后记内容的撰写；重庆轻工职业学院科研处副处长张永老师负责第二章第一节及第三节、第五章内容的撰写；重庆轻工职业学院人文教育学院院长郝结林教授负责第四章第二、三、四节内容的撰写。

疏漏之处，请专家批评指正！

本书能成稿并出版，得到了重庆轻工职业学院理事长姚成、副理事长姚木远、副校长何军以及重庆大学出版社的大力支持，在此表示衷心的感谢！

2024 年夏于重庆

参考文献

一、著作

[1] ROWLANDS M. The new science of the mind：from extended mind to embodied phenomenology[M]. Cambridge：The MIT Press，2010.

[2] CSIKSZENTMIHALYI M. Beyond boredom and anxiety: experiencing flow in work and play[M]. San Francisco：Jossey-Bass，2000.

[3] CSIKSZENTMIHALYI M，CSIKSZENTMIHALYI I S. Optimal experience：psychological studies of flow in consciousness[M]. Cambridge：Cambridge University Press，1988.

[4] 陈雪频.一本书读懂数字化转型[M].北京：机械工业出版社，2021：187.

[5] 尼葛洛庞蒂 N.数字化生存[M].胡泳，范海燕，译.海口：海南出版社，1997：21.

[6] 海蒙德.数字化商业：如何在网上世界生存和发展[M].周东，倪正东，译.北京：中国计划出版社，1998：26.

[7] 梅宏.数据治理之论[M].北京：中国人民大学出版社，2020：4.

[8] 中国社会科学院语言研究所词典编辑室.现代汉语小词典[M].2版.北京：商务印书馆，1988：1099.

[9] 马明华，涂争鸣.高校人文素质教育论[M].广州：华南理工大学出版社，2010：2.

[10] 徐贲.阅读经典：美国大学的人文教育[M].北京：北京大学出版社，2015：4.

[11] 石亚军，赵伶俐.人文素质教育：制度变迁与路径选择[M].北京：中国人民大学出版社，2008：95.

[12] 中共中央文献研究室.习近平关于社会主义文化建设论述摘编[M].北京：

中央文献出版社，2017.

[13] 费多益.寓身认知心理学[M].上海：上海教育出版社，2010.

[14] 王广宇.知识管理——冲击与改进战略研究[M].北京：清华大学出版社，2004.

[15] 麦克卢汉.理解媒介——论人的延伸[M].何道宽，译.江苏：译林出版社，2019.

[16] 袁贵仁.人的素质论[M].北京：中国青年出版社，1993：69.

[17] 袁振国.当代教育学[M].3版.北京：教育科学出版社，2004：77.

[18] 谷晓红.医学生人文素质教育初探[M].北京：中国中医药出版社，2015.

[19] 张哲华.英语专业导论[M].成都：西南交通大学出版社，2015.

[20] 马克思，恩格斯.马克思恩格斯选集[M].北京：人民出版社，1972.

[21] 赵庆典.学校管理中的法律问题[M].北京：北京邮电大学出版社，2005.

[22] 葛洪义.法理学[M].北京：中国人民大学出版社，2003.

[23] 李一.网络行为失范[M].北京：社会科学文献出版社，2007.

[24] 曾湘泉.变革中的就业环境与中国大学生就业：中国就业战略报告[M].北京：中国人民大学出版社，2004.

[25] 张厚粲.大学心理学[M].北京：北京师范大学出版社，2001.

[26] 陈浩凯，万学章.大学生就业与创业教程[M].长沙：湖南科学技术出版社，2005

二、期刊文献

[1] HOFFMAN D L, NOVAK T P. Marketing in hypermedia computer-mediated environments: conceptual foundations[J]. Journal of marketing, 1996, 60（3）: 50-68.

[2] DEY A K, ABOWD G D, SALBER D. A conceptual framework and a toolkit for supporting the rapid prototyping of context-aware applications[J]. Human-computer interaction, 2001, 16（2）: 97-166.

[3] GREENO J G. The situativity of knowing, learning, and research[J]. American

psychologist，1998，53（1）：5-26.

[4] CSIKSZENTMIHALYI M. Play and intrinsic rewards[J]. Journal of humanistic psychology，1975，15（3）：41-63.

[5] GUO Y M，POOLE M S. Antecedents of flow in online shopping：a test of alternative models[J]. Info systems J，2009，19（4）：369-390.

[6] MARTON F，SALJO R. On qualitative differences in learning：I. Outcome and process[J]. British journal of educational psychology，1976，46（1）：4-11.

[7] KAPIDAKIS S，TERZIS S，SAIRAMESH J. Framework for performance monitoring，load balancing，adaptive timeouts and quality of service in digital libraries[J]. International journal on digital libraries，2000，3：19-35.

[8] 胡钦太.教育信息化2.0的内涵解读、思维模式和系统性变革[J].现代远程教育研究，2018，30（6）：12-20.

[9] 杜洁莉."互联网+"与人工智能背景下高职旅游文化类课程改革探析[J].中国职业技术教育，2020（20）：37-42.

[10] 程建钢，崔依冉，李梅，等.高等教育教学数字化转型的核心要素分析——基于学校、专业与课程的视角[J].中国电化教育，2022（7）：31-36.

[11] 郑思思，陈卫东，徐铷忆，等.数智融合：数据驱动下教与学的演进与未来趋向——兼论图形化数据智能赋能教育的新形态[J].远程教育杂志，2020，38（4）：27.

[12] 李福鹏.高职学生人文素质的内涵剖析[J].黑龙江教育学院学报，2017，36（10）：55-57.

[13] 姜俊凯，苏静.高师生人文素质培养内容的组织与架构——基于中小学教师人文素质的内涵阐析[J].山东高等教育，2022，10（1）：41-45.

[14] 黄靖婷.高职生心理健康教育方法研究[J].哈尔滨职业技术学院学报，2023（4）：15-17.

[15] 刘莹.关于大学人文精神的浅析[J].湖北开放职业学院学报，2020，33（2）：86-87.

[16] 夏吉莉，刘景刚.大学生人文素质教育的分层分类思考[J].重庆科技学院学报（社会科学版），2016（3）：108-111.

[17] 石新军，孙文生.数字化教育人文精神缺失的反思与构建[J].航海教育研究，2006，23（2）：16-20.

[18] 丁琴海.大学人文教育期待理论与实践突破[J].中国高等教育，2008（Z1）：32-34.

[19] 李训贵，宋婕.大学人文教育路径的思考、选择与实践[J].中国高教研究，2009（5）:70-71.

[20] 杨建国，钟永发.西部高职院校人文素质教育的问题及对策研究：以绵阳职业技术学院为例[J].四川职业技术学院学报，2016，26（3）：127-131.

[21] 黄荣怀，刘嘉豪，祁彬斌.高等教育数字化的现实挑战与核心关切[J].中国高等教育，2024（Z1）：34-38.

[22] 尚俊杰，李秀晗.教育数字化转型的困难和应对策略[J].华东师范大学学报（教育科学版），2023，41（3）：72-81.

[23] 袁振国.教育数字化转型：转什么，怎么转[J].华东师范大学学报（教育科学版），2023，41（3）：1-11.

[24] 徐晓飞，张策.我国高等教育数字化改革的要素与途径[J].中国高教研究，2022（7）：31-35.

[25] 徐岸峰，李斌，李玥.线上线下混合智慧教育模式研究[J].教育理论与实践，2024，44（15）：57-60.

[26] 杨晓宏，孟宝兴，王丹华.面向《教师数字素养》标准的师范生数字素养框架与培养路径[J].电化教育研究，2024，45（5）：83-89.

[27] 祝智庭，金志杰，戴岭.数智赋能高等教育新发展：GAI技术时代的教师新作为[J].电化教育研究，2024，45（6）：5-13.

[28] 何锐连.加强人文教育促进高职院校发展[J].教育研究，2006，27（5）：82-85.

[29] 杭国英，武飞，武少侠.高职院校人文素质教育评价体系构建[J].高等教育研究，2011，32（7）：68-74.

[30] 黄荣怀，杨俊峰，胡永斌.从数字学习环境到智慧学习环境——学习环境的变革与趋势[J].开放教育研究，2012，18（1）：75-84.

[31] 郑燕林，李卢一，王以宁."网络学习境脉"的概念模型[J].中国电化教育，2007（8）：17-21.

[32] 何迈，何娟.境的历程[J].合肥工业大学学报（社会科学版），1998，12（1）：71-76.

[33] 李新."以心求境"[J].文艺争鸣，2012（2）：152-153.

[34] 党圣元.道与境[J].社会科学辑刊，2014（1）：157-165.

[35] 汪纪苗，王森森，任雪明."境脉"视角下的化学教学实践与思考[J].中学化学教学参考，2017（13）：15-17.

[36] 郭宇靖，白欣.境脉学习视域下场馆数字化资源的开发与利用[J].物理教师，2023，44（12）：73-76.

[37] 陈威.建构主义学习理论综述[J].学术交流，2007（3）：175-177.

[38] 杨维东，贾楠.建构主义学习理论述评[J].理论导刊，2011（5）：77-80.

[39] 姚梅林.学习迁移研究的新进展[J].北京师范大学学报（社会科学版），1994（5）：99-104.

[40] 刘儒德.论建构主义学习迁移观[J].北京师范大学学报（人文社会科学版），2001（4）：106-112.

[41] 陈威.建构主义学习理论综述[J].学术交流，2007（3）：175-177.

[42] 童莉.建构主义的学习迁移观及对数学教育的启示[J].重庆师范学院学报（自然科学版），2002，19（4）：89-90，94.

[43] 刘革，吴庆麟.情境认知理论的三大流派及争论[J].上海教育科研，2012（1）：37-41.

[44] 费多益.寓身认知理论的循证研究[J].科学技术哲学研究，2010，27（1）：15-20.

[45] 张婧婧，牛晓杰，刘杨，等.学习科学中"4E+S"认知理论模型的内涵与应用[J].现代教育技术，2021，31（8）：23-31.

[46] 叶浩生.身体与学习：具身认知及其对传统教育观的挑战[J].教育研究，

2015, 36（4）：104-114.

[47] 叶浩生.具身认知：认知心理学的新取向[J].心理科学进展，2010，18（5）：705-710.

[48] 殷融，曲方炳，叶浩生.具身概念表征的研究及理论述评[J].心理科学进展，2012，20（9）：1372-1381.

[49] 张恩涛，方杰，林文毅，等.抽象概念表征的具身认知观[J].心理科学进展，2013，21（3）：429-436.

[50] 郑旭东，王美倩，饶景阳.论具身学习及其设计：基于具身认知的视角[J].电化教育研究，2019，40（1）：25-32.

[51] 徐娟，黄奇，袁勤俭.沉浸理论及其在信息系统研究中的应用与展望[J].现代情报，2018，38（10）：157-166.

[52] 袁凡，陈卫东，徐铷忆，等.场景赋能：场景化设计及其教育应用展望——兼论元宇宙时代全场景学习的实现机制[J].远程教育杂志，2022，40（1）：15-25.

[53] 刘选，刘革平.我国智慧教育研究十年：聚焦、困境与突围[J].成人教育，2024，44（2）：30-36.

[54] 王运武，黄荣怀，焦艳丽.数字化转型视域中的智慧学习环境理论演进[J].黑龙江高教研究，2024，42（3）：154-160.

[55] ALAVI M，LEIDNER D E，郑文全.知识管理和知识管理系统：概念基础和研究课题[J].管理世界，2012，28（5）：157-169.

[56] 储节旺，郭春侠，陈亮.国内外知识管理流程研究述评[J].情报理论与实践，2007，30（6）：858-861.

[57] 周天梅.知识内化的心理机制[J].江西社会科学，2004，24（7）：176-178.

[58] 郑燕林，李卢一，王以宁."网络学习境脉"的概念模型[J].中国电化教育，2007（8）：17-21.

[59] 乐承毅，赵亚裴，麻荣杰.从浅层互动到深层互动：虚拟品牌社区多层互动对知识共创的影响机制[J].信息资源管理学报，2022，12（5）：77-88.

[60] 叶浩生.有关具身认知思潮的理论心理学思考[J].心理学报，2011，43

（5）：589.

[61] 钟启泉.深度学习：课堂转型的标识[J].全球教育展望，2021，50（1）：14-33.

[62] 李志河，王元臣，陈长玉，等.深度学习的困境与转向：从离身学习到具身学习[J].电化教育研究，2023，44（10）：70-78.

[63] 赵瑞斌，张燕玲，范文翔，等.智能技术支持下具身学习的特征、形态及应用[J].现代远程教育研究，2021，33（6）：55-63，83.

[64] 王晓明，张宏，徐麟.旷野上的废墟——文学和人文精神的危机[J].上海文学，1993（6）：63-71.

[65] 石亚军.话说人文素质及其教育[J].比较法研究，2006，4：143-146.

[66] 马改红，陈燕，史红健，等.医学生人文素质构成因素的研究[J].中华护理教育，2015，12（12）：889-892.

[67] 刘峤，黄乃祝，肖依依.地方高校应用型人才人文素质的需求与建构[J].湘南学院学报，2017，38（4）:118-121.

[68] 曹旭.中国梦引领下大学生理想信念的培育探究[J].湖南科技学院学报，2017，38（8）：118-121.

[69] 梁宝勇.心理健康素质测评系统基本概念、理论与编制构思[J].心理与行为研究，2012，10（4）：241-247.

[70] 任靖宇，董晶晶.大学生社会主义核心价值观习俗化教育初探[J].石家庄学院学报，2016，18（4）：151-155.

[71] 薛艳如.大学生社会主义核心价值观教育的探究[J].智库时代，2017（10）：187-188.

[72] 章洪丽，赵永吉，王一夫.在大学生中培育和践行社会主义核心价值观探析[J].高等农业教育，2017（3）：35-37.

[73] 施彦军.论新形势下高校学生纪律规范实施的三个维度[J].山西农业大学学报（社会科学版），2014，13（2）：212-216.

[74] 吴学政.浅析大学生网络行为法律规范及安全教育对策[J].法制与经济，2014，23（1）：120-121.

[75] 李胜强，李虹，金蕾莅.大学生就业压力的类型及分析[J].清华大学教育研究，2011，32（2）：71-76，82.

[76] 曲霞，李珂.高校劳动教育必修课程规范化建设探析[J].中国高教研究，2022（6）：91-96.

[77] 翟雪松，季爽，焦丽珍，等.基于多智能体的人机协同解决复杂学习问题实证研究[J].开放教育研究，2024，30（3）：63-73.

[78] 刘岩.支架式教学模式培养学生的学习能力[J].教育教学论坛，2016（17）：188-189.

[79] 邓硕，闫焱.知识图谱在数智化时代中的教学创新及作用[J].河北师范大学学报（教育科学版），2024，26（5）：100-102.

[80] 施江勇，唐晋韬，王勇军，等.基于知识图谱的新兴领域课程教学资源建设[J].高等工程教育研究，2022（3）：15-20.

三、其他文献

[1] SEIFERT C M. Situated cognition and learning[M]//The MIT encyclopedia of the cognitive sciences. 上海：上海外语教育出版社，2000：767-769.

[2] SMITH B C. Situatedness[M]//The MIT encyclopedia of the cognitive sciences. 上海：上海外语教育出版社，2000：769-771.

[3] ROBBINS P，AYDEDE M. A short prime on situated cognition[M]//The cambridge handbook of situated cognition. Cambridge：Cambridge University Press，2009：3-10.

[4] 都沙，赵伶俐.中国西部公民人文素质调查报告[R].北京：中国人民大学出版社，2008：5.

[5] 舒洁.数智时代企业档案人才培养模式的思考[D]. 武汉：湖北大学，2021.

[6] 谭伟平.大学人文教育与人文课程[D].武汉：华中科技大学，2005.

[7] 教育部网站.2022年全国教育事业发展基本情况[EB/OL].（2023-03-23）[2023-04-03].

[8] 原嘉菲.马克思理论体系中的道德问题[D].郑州：郑州大学，2012.

[9] 梁银妍.高质量发展是核心主题 科技创新是明年经济工作第一重点[N].上海证券报,2023-12-14（1）.

[10] 人民日报.牢牢把握东北的重要使命 奋力谱写东北全面振兴新篇章[N].人民日报,2023-09-10（1）.

[11] 中华人民共和国中央人民政府.习近平在中共中央政治局第十一次集体学习时强调：加快发展新质生产力 扎实推进高质量发展[EB/OL].（2024-02-01）[2024-04-05].

[12] 刘向兵.培养劳动教育专业人才夯实人才强国战略基础[N].人民政协报,2022-11-09（12）.

[13] 倪淑萍.劳动教育关键在"育"[N].中国教育报,2023-01-10（7）.

[14] 梁克东.高职课程思政建设应厘清"三重逻辑"[N].中国教育报,2021-11-09（7）.

[15] 中国政府网.中共中央 国务院印发《数字中国建设整体布局规划》[EB/OL].（2023-02-27）[2023-03-03].